HENDRIKE BRENNINKMEYER
BRIGITTE SCHALK

DIE MARKTCHECK

SWR»

VERBRAUCHER FIBEL

Die besten Infos und Experten-Tipps

Haushalt, Gesundheit, Ernährung, Reisen

INHALT

3. HAUSHALT & WOHNEN 79

Jede Woche berichten wir für Marktcheck im SWR-Fernsehen über wissenswerte Verbraucherthemen aus den Bereichen Ernährung, Gesundheit, Haushalt, Reisen, Versicherungen, Wohnen, Freizeit, und über vieles mehr – und die Themen gehen dabei nicht aus. Denn nie zuvor waren Verbraucher mit einer derart großen Produktvielfalt konfrontiert – und nie war es so schwierig, dabei den Überblick zu behalten: Welche Trends sind sinnvoll? Welche bringen mir nichts au-

ßer Kosten – oder schaden sogar? Was steckt drin in Lebensmitteln heutzutage? Wo wird man getäuscht oder sogar abgezockt? Welche Dienstleistungen sollte man besser nicht in Anspruch nehmen – und wo lauern Fallen in Verträgen?

In diesem Buch finden Sie wichtige Tipps und Ergebnisse unserer Recherchen, die für mehr Durchblick in Ihrem Verbraucheralltag sorgen werden. Sie erfahren, worauf Sie beim Einkauf achten sollten und was sich hinter manchem Inhaltsstoff in Kosmetikprodukten, Waschmitteln oder Lebensmitteln verbirgt. Oder wissen Sie zum Beispiel, was der Stoff Carrageen in Ihrer Sahne macht? Und was sagen die vollmundigen „Frei-von"-Versprechen auf Kosmetikprodukten tatsächlich aus?

Nach dem Lesen dieses Buchs können Sie die Werbeslogans der Hersteller einordnen und geben nicht länger viel Geld für Produkte aus, die mehr Schein als Sein bieten. Sie erfahren, woran Sie erkennen, ob jemand Ihnen nur das Geld aus der Tasche ziehen will und wie Sie sich als Verbraucher wehren können, wenn beim Einkauf oder Vertragsabschluss etwas schief läuft. Nur ein aufgeklärter Verbraucher kann bewusste Entscheidungen treffen – dieses Buch bietet Ihnen wichtige Hintergrundinfos dazu.

Im Namen der gesamten Marktcheck-Redaktion wünschen wir Ihnen beim Lesen daher ebenso viele Aha-Momente, wie wir sie alltäglich in unserer Arbeit erleben!

1.

LEBENSMITTEL & ERNÄHRUNG

DIE LEBENSMITTELAMPEL – WARUM GRÜN NICHT GLEICH GESUND IST!

Rot, Gelb, Grün: Das Prinzip ist einfach und für jeden zu verstehen. Lange haben Verbraucherschützer für die Lebensmittelampel gekämpft, nun ist sie da – allerdings auf freiwilliger Basis, kein Hersteller ist verpflichtet, sie auf seine Produkte zu drucken. Wenn ein Hersteller sich aber dafür entscheidet, muss er sie auf alle seine Produkte drucken, nicht nur auf ausgewählte. Und das ist einer der Vorteile dieses Systems. Doch der sogenannte Nutri-Score hat auch einige Tücken, die Sie kennen sollten!

Der Nutri-Score zeigt an, wie viel der folgenden Stoffgruppen ein Produkt enthält:

- Zucker
- Fett
- Salz
- Obst- und Gemüseanteile
- Ballaststoffe
- Proteine
- Hülsen- und Schalenfrüchte
- ausgewählte Speiseöle

Die jeweiligen Anteile ergeben zusammen einen Wert, der in einer fünffarbigen Abstufung dargestellt wird und schnell Auskunft geben soll, wie empfehlenswert ein Produkt ist. Die Ampel bringt Vorteile, aber auch ein paar Nachteile mit sich.

Gut ist, dass einige Hersteller bereits im Vorfeld der Einführung die Rezepturen ihrer Produkte überarbeitet und Zucker-

Mit Grün ausgezeichnete Produkte sind zu bevorzugen …

… trotzdem sollte die Ernährung auch ausreichend unverarbeitete Lebensmittel beinhalten und man sollte die Zusatzstoffe der Produkte im Auge behalten.

und Fettanteile reduziert haben, damit sie besser abschneiden. Außerdem können dank Nutri-Score verschiedene Produkte einer Kategorie, z. B. Fruchtjoghurt oder Tiefkühlpizza, von uns Kunden im Supermarkt einfach und schnell miteinander verglichen werden und der Nutri-Score entlarvt Produkte, die vorgeben, gesund zu sein, in Wahrheit aber Zuckerbomben sind, etwa einige Müslisriegel oder Fruchtsäfte. Und zu guter Letzt hat ein Test in Frankreich gezeigt, dass Kunden beim Einkaufen verstärkt zu den als gesünder gekennzeichneten Produkten greifen.

Auf der anderen Seite kann schnell der Eindruck entstehen, dass man sich automatisch gesund ernährt, wenn man nur genug grün eingestufte Produkte kauft. Das jedoch ist ein Trugschluss, denn zu einer ausgewogenen Ernährung tragen vor allem frische und unverarbeitete natürliche Lebensmittel bei. Die Lebensmittelampel wird aber nur für verarbeitete Produkte verwendet! Außerdem werden beim Berechnen des Nutri-Score die enthaltenen Zusatzstoffe nicht berücksichtigt, die in hoch verarbeiteten Lebensmitteln oft enthalten sind (vor allem dann, wenn der Fett- oder Zuckergehalt gesenkt werden soll, ohne Geschmack einzubüßen). Hinzu kommt: Bio-Produkte, die viele Zusatzstoffe nicht oder kaum enthalten dürfen, können ihre Bilanz nicht derart aufpeppen und schneiden dann unter Umständen schlechter ab. Und zu guter Letzt berücksichtigt der Nutri-Score in seiner Wertung zwar, wie hoch der Anteil ungesunder gesättigter Fettsäuren im Verhältnis zu den gesunden ungesättigten Fettsäuren ist. Pflanzenöle wie Olivenöl, Rapsöl (eingeordnet in Kategorie C) oder Sonnenblumenöl (Kategorie D) schaffen es jedoch nicht in den grünen Bereich des Nutri-Score – obwohl sie für eine gesunde Ernährung wichtig sind.

!

VERBRAUCHER-TIPP

Die Lebensmittelampel kann uns Verbrauchern im Alltag durchaus nützlich sein, vor allem, wenn man beim Einkaufen schnell einen Vergleich zwischen verschiedenen Lebensmitteln einer Produktgruppe anstellen möchte, ohne ewig das Kleingedruckte in der Nährwerttabelle zu studieren. Zudem setzt sie die Hersteller unter Druck und zeigt uns, wo Zuckerfallen lauern. Dadurch kann sie so manches Müsli oder so manchen Fruchtjoghurt entzaubern, **dessen Verpackung uns so gerne suggerieren will, dass es sich hier um ein besonders gesundes Fitness-Produkt handele.**

Die Ampel sollte aber nicht dafür sorgen,

! **dass wir ausschließlich grün gelabelte Produkte kaufen und verzehren: Obst, Gemüse und andere unverarbeitete Produkte sind essentiell für unseren Speiseplan, obwohl sie keine (grüne) Ampel tragen;**

! **dass wir beim Einkaufen nur nach den Ampelfarben entscheiden: Auch Zusatzstoffe wie Süßstoffe können nachteilig für unsere Gesundheit sein, sie werden aber von der Ampel nicht berücksichtigt. Umgekehrt gilt:** Nicht jedes Produkt, das kein grünes A bekommt, ist schlecht. **Viele Pflanzenöle etwa sind trotz ihrer orange-roten Einstufung ernährungsphysiologisch sehr wertvoll!**

BROT – EIN PROBLEMATISCHER KLASSIKER

Brot ist sehr gut verträglich …

… wenn es ohne gewisse Zusatzstoffe gebacken wurde.

Brot gibt's mittlerweile zum Schnäppchenpreis und quasi frisch gebacken sogar im Discounter. Soweit die gute Nachricht. Die schlechte: Immer mehr Menschen vertragen Brot nicht mehr. Doch woran liegt das? Eins vorweg: In den seltensten Fällen steckt die vielzitierte Glutenunverträglichkeit dahinter!

Doch was genau hat sich beim Brot verändert? Betrachten wir zwei Bestandteile genauer, die in Brot vorkommen.

1. Enzyme: Das sind Proteine, die natürlicherweise in Getreide vorkommen. Ihr Anteil unterliegt allerdings Schwankungen, was für die Brotindustrie unpraktisch ist. Daher werden immer öfter gentechnisch hergestellte Enzyme beigemischt – und diese stehen im Verdacht, Allergien auszulösen. Das Problem: Enzyme müssen auf der Zutatenliste nicht erwähnt werden. Die Industrie argumentiert damit, dass die zugesetzten Enzyme durch den Backprozess zerstört würden. Eine Untersuchung der Universität Hohenheim hat jedoch gezeigt, dass ein Teil der Enzyme auch danach noch aktiviert werden kann.

2. Fodmaps: Hinter diesem eigentümlichen Namen verbergen sich bestimmte Zuckerarten, die Blähungen auslösen

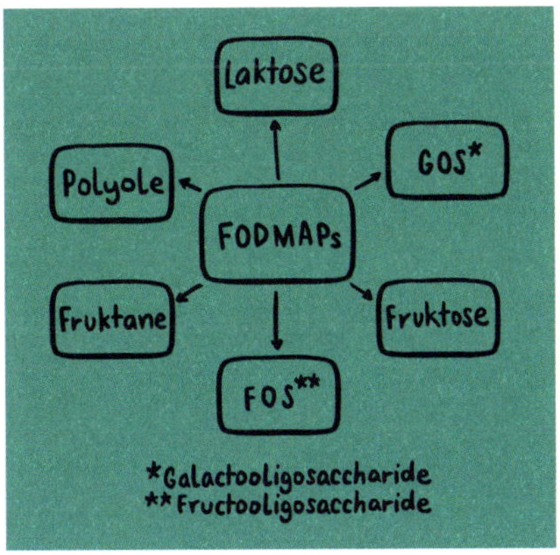

können. In Bohnen z. B. stecken viele Fodmaps, aber auch in Getreideprodukten kommen sie vor. Erst nach einer Gehzeit von rund 4 Std. sind die Fodmaps im Teig größtenteils abgebaut. Der Teig vieler Brote geht allerdings deutlich kürzer. Das kann übrigens auch bei Brot vom Bäcker der Fall sein!

VERBRAUCHER-TIPP

Um diese beiden Risikofaktoren auszuschließen oder zumindest stark zu reduzieren, können Sie einiges tun.

- ! **Das Beste: Selber backen. Das spart nicht nur Geld, sondern Sie können auch alle Zutaten selbst bestimmen. Wer sicher gehen will, dass keinerlei Zusatzstoffe zum Einsatz kommen, sollte bei der Wahl des Mehls auf Bio-Mehl mit Siegeln von Bioland, Demeter oder Naturland zurückgreifen In diesem sind auch Enzyme nicht erlaubt, die bei anderem Mehl durchaus enthalten sind, um die Mehlqualität zu optimieren!**
- ! **Bio-Brot kaufen! Diesem dürfen keine gentechnisch hergestellten Enzyme zugesetzt werden.**
- ! **Auf traditionell hergestelltes Brot zurückgreifen. Dazu muss man allerdings genau nachfragen, denn der Begriff an sich ist nicht geschützt.**
- ! **Brot auf Sauerteigbasis kaufen: Sauerteig benötigt grundsätzlich eine längere Gehzeit als Hefeteig.**
- ! **Die Zutatenliste lesen. Dabei lautet die Regel: Je kürzer, desto besser. Selbst beim billigen Brot aus dem Backautomaten im Discounter gibt es nämlich Unterschiede – da kann dann auch mal das helle Weizenbrot weniger Zusatzstoffe enthalten als das vermeintlich gesündere Körnerbrot.**

FLEISCH – HAUPTSACHE BILLIG?

Fleisch ist im Grunde ein wertvolles Nahrungsmittel, doch heutzutage essen wir zu viel davon: im Schnitt nämlich 60 kg pro Jahr und Kopf. Zur Relation: Die Deutsche Gesellschaft für Ernährung (DGE) empfiehlt maximal 15 kg! Natürlich wird nicht jeder, der viel Fleisch isst, krank. Aber es gibt Krankheitsbilder, die durch hohen Fleischkonsum mit verursacht oder verschlimmert werden, u.a. Darmkrebs, Diabetes, Herz-Kreislauf-Erkrankungen, chronische Entzündungen, Arthrose oder Rheuma. Die Weltgesundheitsorganisation (WHO) stuft verarbeitetes Fleisch sogar als krebserregend ein, ähnlich wie Rauchen.

Fleisch war mal ein Luxusartikel, heute ist es ein billiges Lebensmittel. Doch wie können Fleischprodukte so billig sein? Tatsächlich gibt es da ein paar Tricks – die sich manchmal auch auf unsere Gesundheit auswirken.

Etwa mit Proteinen. Durch den Zusatz bestimmter Proteine (z. B. aus Schlachtabfällen) ist es möglich, verarbeiteten Fleisch- oder Wurstprodukten mehr Wasser als üblich zuzusetzen. Dadurch werden die Produkte schwerer und lassen sich teurer verkaufen. Die Hersteller müssen das zwar deklarieren – es ist allerdings kaum bis gar nicht nachweisbar, wenn sie es nicht tun. Im SWR haben wir ein Experiment gezeigt, in dem Würste aus Eiweißpulver und Wasser hergestellt wurden. Im Labor fiel nur die Extremvariante auf: eine Wurst mit 50 % Wasseranteil! Die anderen hätten so verkauft werden können.

Etwa mit Schutzatmosphäre. Das lässt sich am besten bei Hackfleisch nachvollziehen. Hackfleisch ist ein äußerst schnell verderbliches Lebensmittel und sollte, wenn man es frisch vom Metzger kauft, noch am selben Tag verzehrt werden. Abgepacktes Hack aus dem Supermarkt oder Discounter hingegen ist oft bis zu einer Woche lang haltbar – und zwar ohne optisch zu „ergrauen"! Möglich macht das die sogenannte Schutzatmosphäre. Doch die kann für uns Verbraucher gefährliche Folgen haben.

Wer genau hinschaut, entdeckt ihn, den Hinweis auf der Verpackung: „bei maxi-

Fleisch schadet der Gesundheit nicht …

… wenn Sie es in Maßen essen und nur selten zu verarbeiteten Fleischprodukten greifen.

mal + 2 °C zu verbrauchen bis …" Das bedeutet, dass die Kühlkette von maximal 2 °C nicht unterbrochen werden darf! Unrealistisch – selbst wenn man mit Kühltasche einkaufen geht. Und auch in unseren Kühlschränken herrschen wohl in den seltensten Fällen 2 °C! Wenig überraschend daher auch das Laborergebnis nach einem Marktcheck-Stichprobenkauf: Bei fast der Hälfte der Proben haben wir Richtwertüberschreitungen bei Hygienekeimen oder Darmbakterien gefunden; bei einer Probe war sogar der Warnwert überschritten, eine derartige Probe würde die Lebensmittelüberwachung als nicht sicher einstufen! Und das, obwohl das Hackfleisch in allen Proben noch rot und frisch aussah – dank Schutzatmosphäre.

Und auch diese altbekannte Regel greift bei abgepacktem Hack nicht: Gut durchgebratenes Hackfleisch, das bedenkenlos verzehrt werden kann, erkennt man an der Farbe – grau gleich durch. Abgepacktes Hack aber wird schon grau, bevor es durch ist! Zur Verlängerung der Haltbarkeit wird das Fleisch nämlich mit Gasen behandelt (in unseren Proben fanden wir Kohlendioxid, Stickstoff und viel Sauerstoff). Der Effekt: Bereits bei 50 °C Brattemperatur sah das Hack grau und durchgebraten aus. Eine gefährliche optische Täuschung, denn um die meisten Keime abzutöten, muss das Fleisch für mehrere Minuten auf mindestens 70 °C erhitzt werden!

Etwa mit Marinade. Fertig mariniertes Grillfleisch ist super praktisch, doch Vorsicht: Unter einer Marinade lässt sich so einiges verstecken! Die Fleischqualität beispielsweise. Die ist nämlich bei mariniertem Fleisch kaum noch zu erkennen. Doch oft ist das Fleisch nicht frisch, sondern aufgetaut, was leider nicht auf der Verpackung stehen muss – dieser Hinweis ist für die Hersteller freiwillig. Der Mangel an Qualität wird häufig überdeckt durch eine Marinade, die vor allem aus Aromen, Geschmacksverstärkern, Fetten und verschiedenen Zuckern besteht. Der Fleischanteil lag in unserem Versuch bei gerade mal 88 %. 12 % des Inhalts waren also größtenteils billige Marinade, für die wir Kunden mitbezahlen.

VERBRAUCHER-TIPP

All diese „Tricks" machen Fleisch zu einem Billigprodukt, das in Massen verzehrt unserer Gesundheit schaden kann. Doch auch bei Fleisch ohne schädliche Vorbehandlungen dankt es einem der Körper, wenn man weniger isst als der Durchschnitt hierzulande. Und wenn es Fleisch sein soll, beachten Sie folgende Tipps:

! Hackfleisch möglichst frisch vom Metzger kaufen – und noch am Einkaufstag zubereiten bzw. verzehren.
! Insgesamt wenig verarbeitete Fleischprodukte essen.
! Lieber hochwertiges Fleisch frisch kaufen und selbst marinieren. Dafür braucht es nicht mehr als etwas gutes Öl, Gewürze, Knoblauch, Zitrone – und ein bisschen Zeit.

FISCH – WIRKLICH SO GESUND?

Fisch ist ein Naturprodukt und gesund. Das stimmt grundsätzlich. Dennoch kann Fischverzehr zu Lasten der Umwelt und unserer Gesundheit gehen – aufgrund von Überfischung sowie Rückständen umstrittener chemischer Stoffe und nicht zuletzt durch seine Verarbeitung. Welchen Fisch kann man also noch guten Gewissens kaufen? Und wie gesund ist unser Fisch noch?

Aufgrund der Überfischung kann man mit gutem Gewissen nur noch wenige Fischarten essen: Ohne eine stärkere Schonung der Bestände wird spätestens in 30 Jahren kein kommerzieller Fischfang mehr möglich sein, schätzen die Vereinten Nationen. Orientierung beim verantwortungsbewussten Fischverzehr bieten Siegel. Das MSC-Siegel für Wildfang und das ASC-Siegel für Aquakultur stehen zumindest für ein Mindestmaß an Nachhaltigkeit; Fische mit diesen Siegeln sind trotz berechtigter Kritik am MSC-Siegel besser als welche ohne. Optimalerweise aber greift man auf mit Bio-Siegeln ausgezeichnete Fische zurück. Besonders hohe Ansprüche stellen die Bio-Verbände Naturland und Bioland. Naturland hat inzwischen Vorgaben für eine nachhaltige Fischerei erarbeitet und ist daher auch für Wildfisch besonders empfehlenswert. Das einfachere EU-Biosiegel gibt es nur für Fisch aus Aquakultur. Grundsätzlich können Bio-Siegel auch sinnvoll sein, wenn man umstrittene Inhaltsstoffe im Fisch vermeiden möchte. Ganz auszuschließen sind sie allerdings auch bei Bio-Fisch nicht immer.

In einer Stichprobe in Marktcheck haben wir Lachs aus verschiedenen Aquakultu-

Fisch kann ohne schlechtes Gewissen gegenüber Umwelt und Gesundheit verzehrt werden …

… wenn Sie genau auf die Art und die Herkunft achten.

ren auf das umstrittene Konservierungsmittel Ethoxyquin untersucht. Für dessen Zusatz in Fleisch, Gemüse und sogar Hundefutter gibt es strenge Grenzwerte – für Fisch allerdings nicht. Dabei fällt gerade Lachs immer wieder mit hohen Ethoxyquin-Werten auf. In unserer Stichprobe waren nur die untersuchten Bio-Lachsfilets frei davon. Alle anderen Proben lagen zum Teil deutlich über dem Grenzwert für Fleisch, der ersatzweise als Maßstab genommen wurde.
Auch Rückstände des Desinfektionsmittels Chlorat können ein Problem sein bei Fisch aus Aquakultur. Hier fällt besonders der Pangasius auf: Bei einer Untersuchung des Chemischen und Veterinäruntersuchungsamtes (CVUA) Freiburg wurden 2019/2020 in 27 von 32 Proben Pangasiusfilet Chlorat-Rückstände festgestellt. Zehn Proben wurden wegen der hohen Belastung sogar als nicht zum Verzehr geeignet eingestuft. Bei einer Marktcheck-Stichprobe im Januar 2021 waren ebenfalls zwei von sechs Proben auffällig. Immerhin: Der Chlorat-Gehalt war hier so gering, dass laut Labor keine nachhaltige Wirkung für den Verbraucher zu erwarten war.

Bezüglich der verschiedenen Verarbeitungsformen von Fisch kommen hier ein paar Überraschungen:
1. Dosenfisch liefert ähnlich gute Nährstoffe wie frischer oder TK-Fisch. Wichtig ist aber, wie der Fisch eingelegt ist: In Öl eingelegt hat er sehr viel mehr Kalorien, in Tomatensauce kann der Zuckergehalt problematisch sein. Am besten ist daher Dosenfisch im eigenen Saft.
2. Fischstäbchen sind besser als ihr Ruf, denn sie bestehen nicht, wie viele glauben, aus Fischresten, sondern aus Fischfilet! In der Regel wird hierfür Alaska-

Seelachsfilet verwendet. Und auch die häufig angeführte Gefahr für die Gesundheit durch die sogenannten Transfettsäuren, die beim Erhitzen entstehen können, scheint nicht sehr groß zu sein: Wir haben für Marktcheck Fischstäbchen verschiedener Anbieter ins Labor geschickt. Die Ergebnisse waren beruhigend: In allen Proben wurden nur sehr geringe Mengen an 3-MCPD-Fettsäureestern nachgewiesen. Eine Gefährdung für die Gesundheit konnte daraus nicht abgeleitet werden.

VERBRAUCHER-TIPP

! Fisch aus konventioneller Aquakultur sollte aufgrund möglicher Rückstände umstrittener Stoffe sicherheitshalber nur in Maßen genossen werden. Den oft in Aquakultur-Lachs gefundenen Konservierungsstoff Ethoxyquin etwa nehmen wir häufig auch noch mit anderen Lebensmitteln zu uns.

! Welchen Fisch kaufen? Laut WWF sind etwa Wildlachs aus Alaska und Hering aus der Nordsee noch nicht zu stark gefährdet. Bei den Süßwasserfischen kommt Fisch mit dem Bio-Label aus europäischer Zucht in Frage, also Forelle und Karpfen. Welche Fischarten und -gebiete überfischt sind, ändert sich allerdings immer wieder. Informieren Sie sich darum regelmäßig, etwa über den Fisch-Einkaufsratgeber von Greenpeace (online und als App), und vermeiden Sie Kauf von gefährdeten Arten.

! Welcher Fisch ist gesünder? Ziehen Sie Wildlachs Zuchtlachs vor: Er enthält deutlich mehr der wertvollen Omega-3-Fettsäuren. Bei Dosenfisch empfiehlt sich die Variante im eigenen Saft als leicht verdauliche Eiweißmahlzeit zum Abendessen.

! Achten Sie auch bei Fischstäbchen auf Siegel.

KÄSE – GENUSS MIT ZUSATZSTOFFEN?

Habe ich schon erwähnt, dass ich die niederländische Staatsbürgerschaft besitze? Mein Großvater väterlicherseits stammt aus Leeuwarden in Friesland (genau wie Mata Hari übrigens, aber das ist eine andere Geschichte), und als Niederländerin liebe ich natürlich Käse. Aber es gibt ein paar Dinge, die man über Käse wissen sollte! 25 kg Käse essen wir in Deutschland durchschnittlich pro Jahr, vor allem Gouda, Edamer und Tilsiter. Das ist prinzipiell nicht verkehrt, denn Käse liefert Eiweiß, Vitamine und Mineralstoffe. Allerdings oft auch Konservierungsmittel, Farbstoffe, Aromen – und natürlich Fett.

Doch wie fettig ist Käse wirklich? Angegeben wird der Gesamtfettgehalt „in Trockenmasse“ (i. Tr.), also der Fettanteil, den der Käse hätte, wenn man ihm die Flüssigkeit entziehen würde. Die Trockenmasse wird deshalb als Maßangabe verwendet, weil Käse während der Lagerung Feuchtigkeit und somit auch Gewicht verliert. Der tatsächliche (absolute) Fettanteil des gesamten Käses verändert sich also mit der Zeit – und insgesamt ist er deutlich niedriger, als die Angabe „i.Tr.“ vermuten lässt. Wie hoch er ungefähr liegt, lässt sich ausrechnen, indem man den Fettanteil i. Tr. mit einem bestimmten Faktor multipliziert, je nach Käseart.

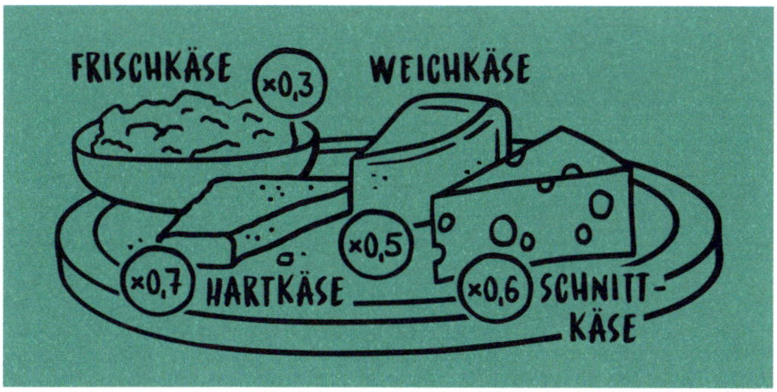

Außerdem werden Käse weit mehr Stoffe zugesetzt als vermutet. Manche davon sind gesundheitlich nicht unbedenklich. Einigen Käsesorten wie Tilsiter, Edamer oder Gouda wird beispielsweise Nitrat zugesetzt, um zu verhindern, dass Buttersäurebakterien während der Reifung den Käselaib verformen. Erlaubt ist der Zusatz von maximal 0,15 g Nitrat pro Liter Käsereimilch. Davon sind nach 4–6 Wochen Reifezeit noch etwa 30–40 mg Nitrat pro kg Käse enthalten. Das ist keine große Menge im Vergleich zu manchem Gemüse, und Nitrat an sich ist auch nicht gefährlich. Es kann im Körper aber zu Nitrit umgewandelt werden und mit einer anderen Stoffklasse, den Aminen, reagieren. Dabei kommt es zu Verbindungen, die sich in Tierversuchen als krebserregend erwiesen haben. Ob das auch für Menschen gilt, wissen Forscher noch nicht. Das Bundesinstitut für Risikobewertung (BfR) warnt aber aufgrund dieser Hinweise davor, langfristig große Mengen an Nitrat aufzunehmen. Da wir auch über Trinkwasser und Gemüse Nitrat aufnehmen, sollte man Nitrat dort, wo es geht, vermeiden. Bio-Käse darf kein Nitrat enthalten.

Auch auf den Zusatzstoff Natamycin sollten wir ein Auge haben – und zwar, weil er eine antibiotische Wirkung hat. Die Rinde einiger Schnittkäsesorten wird mit Natamycin behandelt, um zu verhindern, dass sie mit krankheitserregenden Keimen wie Listerien oder unerwünschten Schimmelpilzen besiedelt wird. Das klingt erstmal positiv, hat aber einen Haken: Wer viel Natamycin aufnimmt, riskiert Resistenzen dagegen. Da Natamycin auch als Antibiotikum für Menschen und Tiere genutzt wird (z. B. bei Pilzerkrankungen der Haut und des Auges), kann es passieren, dass diese Mittel dann nicht mehr wirken.

Käse liefert Eiweiß, Vitamine und Mineralstoffe …

… allerdings oft auch unerwünschte Zusatzstoffe.

Mit Natamycin behandelten Käse erkennt man

- bei abgepacktem Käse an den Hinweisen auf der Verpackung „Konservierungsstoff Natamycin“ ODER „Konservierungsstoff E 235“ ODER „Konservierungsstoff Pimaricin“,
- bei losem Käse von der Theke am Hinweis „mit Konservierungsstoff“ oder „konserviert“.

VERBRAUCHER-TIPP

! Käse von Tieren aus echter Weidehaltung kaufen: Dieser enthält mehr wertvolle ungesättigte Fettsäuren. Mai-Gouda enthält übrigens besonders viele davon.

! Käse mit Bio-Zertifizierung kaufen: Dieser darf kein Nitrat und kein Natamycin enthalten.

! Bei mit Natamycin behandeltem Käse die Rinde mind. 0,5 cm dick abschneiden.

NÜSSE – ANTI-AGING ZUM ESSEN

Nüsse sind ein echtes Superfood …

… wenn man sich vor Schimmelpilzgiften schützt.

Wer mich kennt, weiß, dass ich IMMER Nüsse bzw. Studentenfutter im Haus, im Auto und in der Büroschublade habe. Ich bin viel unterwegs, und nicht immer kann ich alle Mahlzeiten regelmäßig einhalten. Nüsse sind dann mein Lieblingssnack, denn sie sättigen und haben eigentlich nur Vorteile für unsere Gesundheit. Ich war daher nicht überrascht, als mein Hausarzt kürzlich meine Gefäße per Ultraschall betrachtete und meinte: „Die sehen ja aus wie neu!"

Vielleicht ist das tolle Untersuchungsergebnis den Walnüssen in meinen Snacks zu verdanken? Diese sind zwar echte Kalorienbomben, aber welche, die sich lohnen: Die Walnuss ist sehr reich an mehrfach ungesättigten Fettsäuren, schon 15 g decken den Tagesbedarf an Omega-3-Fettsäuren. Und pflanzliche Omega-3-Fettsäuren helfen, das unerwünschte LDL-Cholesterin zu reduzieren, Entzündungen zu hemmen und die Hirnleistung zu stärken.

Haselnüsse sind neben den Walnüssen Spitzenreiter bei Vitamin E! Das Zellschutz-Vitamin wirkt antioxidativ, schützt also unsere Körperzellen vor schädlichen Einflüssen.

Die Paranuss enthält viel Fett, weist aber auch einen sehr hohen Vitamin-B1-Gehalt auf. B1 spielt eine wichtige Rolle bei allen Stoffwechselprozessen.

Und last but not least ist da noch die Mandel (die streng genommen gar keine Nuss ist, sondern Steinobst). Schon Hildegard von Bingen empfahl die Mandel wegen ihrer positiven Wirkung auf unsere Nerven. Die Mandel soll aber noch einen weiteren Vorteil haben: Sie macht satt, ihre Energie wird vom Körper laut einer Studie der US-amerikanischen Universität Purdue jedoch nicht effizient aufgenommen. Wer Mandeln isst, hat weniger Appetit auf Kohlenhydrate, so die Uni.

Einen Haken gibt es bei Nüssen allerdings: Schimmelpilzgifte, sogenannte Aflatoxine. Sie wirken leber- und nierenschädigend, können das Erbgut verändern und stehen unter Verdacht, krebserregend zu sein. Erdnüsse, Pistazien, Haselnüsse, Walnüsse, Mandeln und Paranüsse werden besonders häufig von Aflatoxinen besiedelt. Das Problem ist, dass sie hitzestabil sind und sich nicht durch Erhitzen, Backen oder Kochen zerstören lassen. Die gute Nachricht: In der EU gibt es Grenzwerte, die von den Überwachungsbehörden auf ihre Einhaltung hin überprüft werden, deswegen werden befallene Produkte oft bereits bei der Einfuhr entdeckt.

!

VERBRAUCHER-TIPP

! Hitze und hohe Luftfeuchtigkeit fördern das Pilzwachstum, darum Nüsse aus feuchtwarmen Regionen eher meiden.
! Nüsse zuhause kühl, trocken und dunkel lagern.
! Gemahlene Nüsse und Mandeln sind sehr viel häufiger von Schimmelpilzen befallen, darum möglichst ganze Nüsse kaufen.
! Nüsse, die einen muffigen oder ranzigen Eindruck machen oder mit Flaum bedeckt sind, immer entsorgen und bitter schmeckende Exemplare sofort wieder ausspucken.
! Essen Sie nicht mehr als zwei Paranüsse pro Tag: Diese weisen oft eine vergleichsweise hohe radioaktive Belastung auf.

Ich esse meine Nüsse am liebsten in selbstgemischtem Studentenfutter, bestehend aus Bio-Studentenfutter mit ungerösteten Nüssen plus Walnüsse plus ungeschälte Mandeln. Wenn Sie fertiges Studentenfutter kaufen, prüfen Sie unbedingt die Zusammensetzung:
! Manche Mischungen enthalten mehr Rosinen als Nüsse oder wenig der wertvollen Nüsse.
! Manche enthalten vor allem geschälte und geröstete Nüsse, die dadurch schon an Nährstoffen verloren haben.

MINI-GEMÜSE – MAXIMAL TEUER, ABER AUCH MAXIMAL GESUND?

Seit einiger Zeit fühle ich mich in der Obst- und Gemüseabteilung ein bisschen so, als ob ich für einen Kinderkaufladen einkaufen würde: Es gibt immer mehr Mini-Obst und -Gemüse. Kleine Tomaten gibt es ja schon länger, aber mittlerweile sieht man auch Gurken, Paprika oder Bananen in klein. Meine Kinder sind immer ganz begeistert davon, aber ich muss ehrlich sagen, dass mir die Minis bisher einfach zu teuer sind. Oder sind sie ihr Geld wert?

Um herauszufinden, wie viel teurer die Minis tatsächlich sind, haben wir bei Marktcheck eine Stichprobe gezeigt, in der bei vier verschiedenen Händlern Paprika, Gurken, Blumenkohl, Brokkoli und Tomaten gekauft wurden – in klein und in groß. Ergebnis: Für die Minis wurde im Schnitt 7,65 € pro kg bezahlt, für die Großen 2,36 € – „Mini“ ist also gut dreimal so teuer wie „Normal“!

Doch wieso der Mehrpreis? Viele Produzenten berufen sich darauf, dass die Miniaturfrüchte mehr Arbeit im Anbau machen würden. Ein Großhändler berichtete uns, die kleinen Sorten seien pflegeintensiver und daher teurer. Also haben wir einen Landwirt besucht, der Mini-Möhren anbaut. Funfact: Diese sind gar keine Spezialzüchtungen, sondern die Möhren werden einfach nur früher geerntet! Allerdings werden sie, im Gegensatz zu den großen Möhren, nicht maschinell aus dem Boden geholt, sondern per Hand. Ein wenig Mehraufwand steckt also manchmal tatsächlich dahinter.

Mini-Gemüse enthält mehr Vitamine als die normal großen Vertreter …

… aber der Preis dafür steht in keinem Verhältnis zum tatsächlichen Mehrwert.

Fakt ist allerdings auch: Der Einkaufspreis von Mini-Tomaten ist zwischen 2011 und 2018 um gerade mal 7 % gestiegen – der Verkaufspreis dagegen um stolze 22 %! Heißt: Für den Handel sind die Mini-Früchte ein sehr gutes Geschäft. Und für uns Kunden? Sind Mini-Früchte vielleicht wenigstens gesünder als ihre großen Brüder? Tatsächlich hat eine Analyse im Auftrag der NDR-Sendung Markt ergeben, dass in den untersuchten Mini-Möhren zwischen 10,3 und 17,2 mg Beta-Carotin pro 100 g steckten – in normal großen Möhren sind es im Schnitt gut 9 mg. Ähnlich fiel das Ergebnis bei roten Paprika aus: In den großen Exemplaren stecken etwa 140 mg Vitamin C pro 100 g. Die Mini-Paprika im Test enthielten dagegen zwischen 149 und 212 mg Vitamin C!

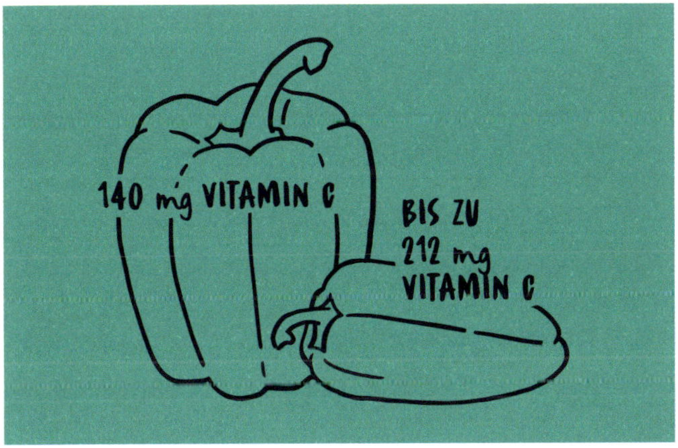

VERBRAUCHER-TIPP

Zwar können viele Miniatur-Früchte tatsächlich mit einem höheren Gehalt an Vitamin C punkten. In Deutschland sind wir allerdings sehr gut mit diesem Vitamin versorgt.

! **Es ist daher aus gesundheitlicher Sicht nicht notwendig, einen so viel höheren Preis zu bezahlen!**
! **Wer den Geschmack der Minis schätzt oder sie einfach hübsch findet, kann aber natürlich bedenkenlos zugreifen. Den Handel freut's!**

VANILLE-PRODUKTE – WAS IST ECHT, WAS IST FAKE?

Wo Vanille draufsteht, ist auch Vanille drin …

… und wo es nicht draufsteht, darf man keine Vanille erwarten.

Vanille riecht nicht nur gut und schmeckt lecker, sie soll auch gesundheitlich positive Eigenschaften haben, nämlich antibakteriell, entzündungshemmend und aphrodisierend wirken. Leider ist echte Vanille ziemlich knapp und teuer auf dem Weltmarkt. Viele Produkte, die mit Vanille-Geschmack werben, enthalten deshalb gar keine echte Vanille, sondern lediglich billiges Aroma. Wie identifiziert man diese „Fakes" nun?

Am bekanntesten ist wohl die Bourbon-Vanille. Sie wird überwiegend auf Madagaskar und kleineren Inseln im Indischen Ozean angebaut und von dort in alle Welt verschickt. Viele Produkte werben damit, diese gute Bourbon-Vanille zu enthalten. Doch steckt sie auch wirklich drin? Um das herauszufinden, haben wir für Marktcheck Vanillezucker, Vanilleschoten und flüssige Vanille von verschiedenen Herstellern im Labor analysieren lassen. Das Ergebnis beruhigt: Wo Bourbon-Vanille draufstand, war tatsächlich auch Bourbon-Vanille drin.

Steht auf einem Produkt allerdings „Vanille-Geschmack", kann man davon ausgehen, dass darin null Vanille enthalten ist, sondern lediglich Aroma.
Das sogenannte Vanillin-Aroma wird größtenteils synthetisch hergestellt und hat daher nicht die positiven Eigenschaften echter Vanille.
Doch schmeckt man den Unterschied auch? Wir haben es ausprobiert und ei-

nen Konditormeister Vanillekipferl backen lassen – eine Portion mit selbst hergestelltem Vanillezucker aus echten Vanilleschoten, eine mit fertigem Bourbon-Vanillezucker und eine mit Vanillin-Zucker. Diese haben wir von Passanten in Stuttgart blindverkosten lassen. Und siehe da: Die Kipferl mit dem selbstgemachten Vanillezucker haben den Testessern tatsächlich am besten geschmeckt!

VERBRAUCHER-TIPP

Auch wenn echte Vanille deutlich teurer ist als Vanille-Aroma: Geschmacklich lohnt es sich offenbar! Und gesundheitlich wohl auch. Wenn Sie Wert auf den vollen Vanillegeschmack legen, **sollten Sie darum lieber**

- **Produkte wählen, auf denen explizit steht: „Enthält (Bourbon-)Vanille."**
- **Zutatenlisten lesen: Auch schwarze Pünktchen im Eis oder im Pudding sind kein Garant dafür, dass tatsächlich echte Vanille drinsteckt. Häufig sind das einfach extrahierte gemahlene Vanilleschoten, die kaum noch typischen Vanillegeschmack enthalten. Und das muss in der Zutatenliste angegeben werden!**

ZUCKER – GAR KEIN SÜSSES THEMA

Dass zu viel Zucker ungesund ist, ist wohl jedem klar. Experten schätzen, dass ein Großteil der Diabetes-Typ-2-Erkrankungen vermeidbar wäre, wenn wir weniger Zucker zu uns nehmen würden. Außerdem können Übergewicht oder Fettleber die Folge von zu hohem Zuckerkonsum sein. Die Weltgesundheitsorganisation (WHO) empfiehlt, nicht mehr als 50 g Zucker pro Tag zu essen. Das entspricht etwa 17 Stück Würfelzucker – klingt eigentlich gar nicht so wenig, oder? Doch tatsächlich überschreiten wir diese Menge im Schnitt ständig, denn in vielen Lebensmitteln ist Zucker versteckt!

Zucker ist nicht nur in süßen Produkten enthalten, sondern auch in herzhaften wie Ketchup, Grillsaucen, Salatdressings, Frischkäse oder Wurst sowie allen möglichen Fertigprodukten. Doch muss der Zuckergehalt nicht in der Zutatenliste stehen? Muss er, aber als „Zucker" wird nur Haushaltszucker (Saccharose) ausgewiesen. Daher ist der echte Zuckergehalt oft nicht auf den ersten Blick zu erkennen: Die Hersteller verwenden nämlich noch viele weitere Süßmacher wie Sirup, Malzextrakt oder andere Zuckerarten wie Laktose, Maltose oder Dextrose. Es tauchen also diverse Bezeichnungen in der Zutatenliste auf, und dadurch steht (Haushalts-)Zucker oft nicht an erster Stelle, weil sich der Zuckergehalt des Produkts aus vielen Komponenten zusammensetzt.

Achtung: Auch Fruchtzucker ist Zucker, und diese Art Zucker kann sogar zu einer Fettleber führen! Gerade Säfte werden dadurch schnell zum Problem: Zwei Gläser Orangensaft enthalten den Saft von etwa sieben Orangen – und damit auch deren Fruchtzucker. So viele Orangen würden wir nie auf einmal essen! Und auch Schorlen sind nicht viel besser: In

Zucker ist okay …

… solange man ihn nur in Maßen zu sich nimmt, und zwar egal ob Fruchtzucker oder Industriezucker.

Apfelschorle steckt etwa die gleiche Menge Zucker wie in Cola. Auch wenn eine Schorle von heimischen Streuobstwiesen natürlich insgesamt besser ist als ein Getränk aus künstlichen Inhaltsstoffen – zuckertechnisch sind beide kritisch zu sehen.

Alternativ auf Produkte zurückzugreifen, die als „weniger süß" oder „mit reduziertem Zuckergehalt" deklariert sind, ist aber auch keine Lösung. Oft ist „weniger süß" nämlich eine reine Geschmacksangabe: In einem „weniger süßen" Kakaopulver z. B. kann der Hersteller statt Haushaltszucker eine weniger süße Zuckerart wie Maltodextrin verwenden. So schmeckt der Kakao zwar weniger süß, enthält aber genauso viel Zucker. Und „reduzierter Zuckergehalt" bedeutet lediglich, dass 30 % weniger Zucker drinstecken als in anderen Lebensmitteln gleicher Art. Als Vergleich darf dabei aber ein besonders zuckerhaltiges Produkt gewählt werden. Schauen Sie besser genau hin: Oft gibt es vom gleichen Produkt Varianten, die sowieso weniger Zucker enthalten.

VERBRAUCHER-TIPP

Die gute Nachricht: Wer seinen Zuckerkonsum reduzieren möchte, kann das dennoch relativ leicht umsetzen – mit den folgenden Grundregeln.

- ! **Die Zutatenliste auf „-ose"-Endungen prüfen, denn dahinter steckt Zucker.**
- ! **Fertigprodukte meiden.**
- ! **Fruchtjoghurts und -quarks meiden und Naturjoghurt nur sehr sparsam süßen, z. B. mit frischem Obst, da er ohnehin Milchzucker enthält.**
- ! **Mineralwasser mit Fruchtgeschmack, Wellness- und Diät-Erfrischungsgetränke meiden: Auch diese als „weniger süß" oder „mit Fruchtsüße" beworbenen Produkte haben oft einen hohen Fruktoseanteil.**
- ! **Obst lieber essen als trinken: Säfte, auch ungesüßte, sind (Frucht-) Zuckerbomben!**

SALZ – WARUM ES GEFÄHRLICH WERDEN KANN

Ohne das berühmte „Salz in der Suppe" geht es nicht! Doch Vorsicht: Wir nehmen im Schnitt deutlich zu viel Salz zu uns. Die Weltgesundheitsorganisation (WHO) und die Deutsche Gesellschaft für Ernährung (DGE) empfehlen für einen Erwachsenen maximal 5–6 g pro Tag, also etwa 1 TL. Davon sind die meisten von uns weit entfernt … Was hat das für Folgen für unsere Gesundheit und wie können wir uns vor einer zu hohen Salzaufnahme schützen?

Oft ist uns gar nicht bewusst, wo überall Salz enthalten ist. Für Marktcheck haben wir den Test gemacht und Passanten nach dem Salzgehalt ausgewählter Lebensmittel gefragt – und Sie können gerne mal mitraten. In welchem der hier gezeigten Produkte steckt wohl das meiste Salz?

Die Ergebnisse: Am überraschendsten waren die Butterkekse, denn darin steckte fast so viel Salz wie in den Chips und dem Knäckebrot! Am wenigsten Salz enthielten die Cornflakes, am meisten der Gouda.

Tatsächlich ist der größte Teil des Salzes, das wir aufnehmen, versteckt in unseren Lebensmitteln, erklärt Angela Clausen, Ernährungswissenschaftlerin von der Verbraucherzentrale Nordrhein-Westfalen: „Hauptquellen sind Brot, Wurst und Käse, aber auch Fertiggerichte wie etwa Tiefkühlpizza."

Warum das gefährlich werden kann für unseren Körper, erläutert Prof. Stefan Offermanns vom Max-Planck-Institut für Herz- und Lungenforschung in Bad Nauheim: „Es gibt direkt Effekte des Salzes

Salz bringt Geschmack ins Essen ...

... doch es kann auch gefährlich werden für unsere Gesundheit.

auf die glatten Muskelzellen der Gefäße: Diese verengen sich, sodass das Herz gegen einen versteckten Widerstand pumpen muss. Dadurch steigt der Blutdruck an. Wir wissen, dass etwa ein Drittel der Bevölkerung salzsensitiv ist – und damit in diesem Sinne gefährdet." Die mögliche Folge von zu hohem Blutdruck: Herzinfarkt und Schlaganfall.

Und warum steckt in vielen Produkten so viel Salz? Ganz einfach: Salz ist billig und würzt gut, teure Gewürze lassen sich dadurch einsparen, ohne groß an Geschmack einzubüßen. Auch Light-Produkte (s. S. 44) sind oft sehr stark gesalzen, denn das fehlende Fett als Geschmacksträger wird gerne durch Salz ausgeglichen. Und: Wir Verbraucher sind so an viel Salz gewöhnt, dass Produkte, die weniger enthalten, als fad empfunden werden könnten – so zumindest die Sorge vieler Hersteller.

!

VERBRAUCHER-TIPP

Um die Situation zu ändern, müssten alle Hersteller den Salzgehalt reduzieren. So würde sich der Verbraucher schnell umgewöhnen. Wichtig wäre das auch bei Brot. Doch bislang gibt es lediglich eine freiwillige Selbstverpflichtung der Industrie, dass die Gehalte von Salz, Zucker und Fett in Fertigprodukten bis 2025 reduziert werden sollen. Darum hilft nur aktiver Selbstschutz:

! **Fertigprodukte vermeiden.**
! **Beim Einkaufen auf die Nährwerttabelle schauen und Produkte mit möglichst wenig Salz wählen.**

SPEISEÖLE – WARUM FETT NICHT FETT MACHEN MUSS

Speiseöle sind aus unseren Küchen nicht wegzudenken. Doch viele machen sich Sorgen: „Fett macht dick!" – Stimmt das wirklich? Nein! Fett kann sogar schlank und gesund machen! Denn: Es sättigt und ist ein Geschmacksträger, und bestimmte Fette, die unser Körper nicht selbst bilden kann, sind sogar lebensnotwendig. Einige Fette können zudem Krankheitssymptome lindern, weil sie entzündungshemmend wirken. Also greifen Sie ruhig zu beim Öl – aber achten Sie darauf, welches Sie verwenden.

Am beliebtesten in unseren Küchen ist das Rapsöl. Und das ist gut so! Denn Rapsöl hat nicht nur einen höheren Anteil an wertvollen Omega-3-Fettsäuren als etwa Olivenöl, sondern es bietet auch eine ideale Mischung verschiedener Fettsäuren und ist damit sehr wertvoll für unsere Gesundheit.

Ob das Rapsöl raffiniert oder unraffiniert ist, spielt dabei keine Rolle. Was die berüchtigte Schadstoffbelastung von raffinierten Rapsölen betrifft, gibt es Entwarnung: Sogenannte Glycidyl-Ester, die sich durch die Raffination bilden können, wurden von der Stiftung Warentest in einem Test 2018 nur in sehr geringen Mengen in einigen Proben gefunden, alle Werte blieben unter dem Grenzwert für Säuglingsnahrung. Wer trotzdem auf Nummer Sicher gehen will: Kaltgepresste Rapsöle sind per se frei von diesen Stoffen – und auch mit ihnen ist (schonendes) Dünsten und Braten möglich. Dafür kann es vorkommen, dass sie etwas modrig schmecken. Ursache dafür ist häufig eine zu feuchte Lagerung der Rapssaat. Dieses Phänomen tritt aber immer seltener auf: Als die Stiftung Warentest im Jahr 2018 testete, fiel nur noch jedes fünfte getestete kaltgepresste Rapsöl geschmacklich durch – im Gegensatz zu jedem zweiten knapp zehn Jahre zuvor.

Auch die Nummer Zwei unter den beliebtesten Ölen, das Sonnenblumenöl, hat es in sich – und zwar enthält es konkret meist sogar mehr Vitamine als

Rapsöl! Allerdings nur, wenn es unraffiniert ist und nicht über 30 °C erhitzt wird. Außerdem ist die Zusammensetzung der Fettsäuren deutlich ungünstiger als beim Rapsöl, denn Sonnenblumenöl enthält in der Regel weniger Omega-3-Fettsäuren und weniger Ölsäure.

Olivenöl, ein weiterer gesunder Öl-Liebling hierzulande, schmeckt gut, ein wenig nach Urlaub, und besteht zu einem besonders hohen Anteil aus Ölsäure, die beim Menschen das ungünstige Cholesterin im Blut senken kann. Doch Olivenöl gilt auch als das meistgefälschte Lebensmittel in der EU. Und sicher ist es auch Ihnen schon aufgefallen: Auf so gut wie allen Olivenölen im Supermarkt oder Discounter, ob billig oder teuer, steht heute „nativ extra“ (oder „extra vergine“). Die Bezeichnung „nativ extra“ dürfen gemäß der EU-Olivenölverordnung aber nur Olivenöle tragen, die mit mechanischen Verfahren gewonnen wurden und fehlerfrei in Geruch und Geschmack sind; also erste Güteklasse. Die zweite Güteklasse, „nativ“, wird bereits bei leichten sensorischen Fehlern zugeordnet. Öl mit deutlichen sensorischen Fehlern, das also z. B. ranzig ist oder muffig riecht, schließlich wird als „Lampantöl“ bezeichnet und ist nicht zum direkten Verzehr zugelassen. Lampantöl muss raffiniert werden und darf dann, vermischt mit einem nativen Öl, schlicht als „Olivenöl“ verkauft werden. Doch die beiden letztgenannten Güteklassen sind im Handel kaum zu finden …

Marktcheck fand das verdächtig und führte daher ein Experiment durch: Billiges Lampantöl wurde bearbeitet und mit einem guten, aber günstigen griechischen Olivenöl gemischt. Das gepanschte Öl wurde an verschiedene Olivenölpanels verschickt, die für die Zertifizierung von „extra nativem Öl“ zugelassen sind. Und tatsächlich: Es hat den strengen Geschmackstest bestanden und durfte als „nativ extra“ bezeichnet werden!

Öl ist Fett …

… doch der Körper benötigt Fette, und die gesunden machen sogar schlank!

!

VERBRAUCHER-TIPP

Rapsöl, ob raffiniert oder kaltgepresst, ist immer eine gesunde Fettquelle, ebenso unraffiniertes Sonnenblumenöl, solange es nicht zu stark erhitzt wird. Und wer wirklich hochwertiges Olivenöl haben möchte, muss genau hinschauen.

! Generell gilt: je genauer die Herkunftsbezeichnung, desto besser das Olivenöl. Bei guten Olivenölen sind immer Herkunftsland und Erzeuger angegeben.

! Auf den Flaschen richtig hochwertiger Olivenöle steht zudem die Bezeichnung „sortenrein" und das Erntejahr der Oliven ist angegeben. Diese besonderen Öle sind allerdings im normalen Supermarkt kaum zu bekommen.

PALMÖL – PREISWERT UND PROBLEMATISCH?

Palmöl ist günstig …

… doch sein Konsum ist nicht besonders gesund und auch ökologisch bedenklich.

Laut der Umweltschutzorganisation WWF steckt in geschätzt der Hälfte aller Produkte im Supermarkt Palmöl! Problematisch ist das für die Umwelt, denn für die Palmölplantagen wird auch Regenwald abgeholzt - und auch unsere Gesundheit profitiert nicht.

Ölpalmen sind drei Mal ertragreicher als Raps und beanspruchen sehr viel weniger Fläche als etwa Sojapflanzen. Palmöl steckt u. a. in Margarine, Keksen, Chips und Nuss-Nougat-Aufstrichen und besteht zu über 80 % aus den eher ungünstigen gesättigten Fettsäuren.

Zudem muss es vor der Verarbeitung raffiniert werden. Dabei können sich Fettsäureester bilden, die bei der Verdauung im menschlichen Körper Glycidol, 3-MCPD und 2-MCPD freisetzen. Laut einer Studie der Europäischen Behörde für Lebensmittelsicherheit (EFSA) von 2016 kann Glycidol das Erbgut schädigen und Krebs verursachen. 3-MCPD wird als möglicherweise krebserregend sowie schädlich für die Nierenfunktion und die Fruchtbarkeit eingeschätzt.

!

VERBRAUCHER-TIPP

Verzehren Sie möglichst wenig Palmöl – oder andere sehr billige Fette. Denn Glycidyl und 3-MCPD sind auch in anderen Speiseölen nachgewiesen worden, wenngleich meist in geringeren Mengen als in Palmöl.

CARRAGEEN – DIE GROSSE UNBEKANNTE

Ernährungsexperten und auch wir von Marktcheck raten immer dazu, kritisch auf Zutatenlisten zu schauen, weil darin oft umstrittene Zusatzstoffe zu finden sind. Aber ganz ehrlich: Wenn ich einen Becher Sahne kaufe, dann ist das doch nicht nötig?! Ich kaufe doch einfach nur Sahne! – Ja, das dachte ich auch. So einfach ist es aber nicht. Gehen Sie doch mal zum Kühlschrank und schauen Sie nach: Mit hoher Wahrscheinlichkeit finden Sie auf dem Sahnebecher den Hinweis auf Carrageen (auch bekannt als E407), einen Zusatzstoff, der aus Rotalgen gewonnen wird. Doch was macht der da drin?

Ganz einfach: Er sorgt dafür, dass die Sahne konstant flüssig bleibt und keine Rahmpfropfen bildet. Carrageen ist nämlich ein Gelier- und Verdickungsmittel, das die Lebensmittelindustrie gerne als Stabilisator einsetzt. Es ist auch in vielen anderen Lebensmitteln zu finden wie etwa Pudding, Ketchup, Eiscreme, Tortenguss, Marmelade oder lange haltbaren Milchprodukten.

Das Problem mit Carrageen? Nach aktuellem Forschungsstand verarbeitet unser Körper Carrageen nicht, sondern scheidet es unverdaut aus. Aus Tierversuchen gibt es allerdings Hinweise darauf, dass Carrageen Darmkrebs verursachen kann. Einige Forscher bringen auch die steigenden Raten an Brustkrebs und Geschwüren im Magen-Darm-Trakt mit der weit verbreiteten Verwendung des Zusatzstoffs in Zusammenhang – und

Der größte Anteil an Carrageenen in Lebensmitteln ist nicht schädlich …

… doch er kann umgewandelt werden und damit zum Gesundheitsrisiko werden.

zwar nicht nur durch die als gefährlich bekannten Carrageene mit niedrigem Molekulargewicht (diese dürfen nur bis zu 5 % im Lebensmittelzusatz E407 enthalten sein), sondern auch durch die als unschädlich geltenden Varianten mit höherem Molekulargewicht. Letztere könnten bei der Verdauung in die gefährlicheren Carrageen-Arten umgewandelt werden.

Die von der EU empfohlene maximale tägliche Verzehrmenge für einen 80 kg schweren Mann liegt bei 6 g. Allerdings müssen die Hersteller die Menge des verwendeten Zusatzstoffes nicht angeben – man kann also gar nicht nachvollziehen, wie viel man in einem Produkt zu sich nimmt. Viele Ernährungsmediziner raten daher dazu, auf Produkte mit Carrageen möglichst ganz zu verzichten, besonders Menschen mit chronischen Darmkrankheiten.

VERBRAUCHER-TIPP

Carrageen ist weit verbreitet, schützen können wir uns trotzdem, indem wir selbst aktiv werden:

! Bio-Produkte kaufen. Diese verzichten oft auf den Zusatzstoff. Dafür muss man z.B. bei Schlagsahne eine gewisse Pfropfenbildung im Becher in Kauf nehmen. Die Sahne lässt sich aber trotzdem gut schlagen und auch zum Kochen verwenden, das kann ich aus eigener Erfahrung bestätigen.

! Verarbeitete Lebensmittel oder Fertigprodukte meiden.

! Auf die Inhaltsstoffe der Produkte achten, die Sie kaufen. Ist hier Carrageen enthalten, suchen Sie nach einer Alternative oder verwenden Sie das Produkt zumindest nur sparsam.

SUPERFOOD – SUPERGUTES ZUM SUPERPREIS?

Noch vor einigen Jahren völlig unbekannt, gibt es mittlerweile in jedem Supermarkt sogenannte Superfoods. Sie sollen wahre Ernährungswunder voller gesunder Inhaltsstoffe sein, und dafür haben sie einen stolzen Preis. Doch braucht man sie für eine gute Ernährung wirklich? Schauen wir uns doch zwei der bekanntesten Vertreter, Chiasamen und Goji-Beeren, einmal genauer an.

Chiasamen enthalten tatsächlich viele gesunde Inhaltsstoffe, etwa mehrfach ungesättigte Fettsäuren, Mineralstoffe wie Calcium und Zink und sekundäre Pflanzenstoffe, die eine antioxidative Wirkung haben, also freie Radikale abfangen und so die Zellen schützen sollen. Allerdings sind Chiasamen nicht heimisch bei uns und müssen importiert werden. Um den Transport besser zu überstehen, werden sie oft unreif geerntet, und das verringert den Anteil der wertvollen ungesättigten Fettsäuren. Und es gibt Hinweise, dass einige Menschen allergisch auf Chiasamen reagieren und dass es bei der Einnahme von Chia-Kapseln zu Wechselwirkungen mit blutverdünnenden Arzneien kommen kann. Und zu guter Letzt gibt es oft keine Informationen zu den Anbaubedingungen der Samen, welche problematisch sein können: Die Europäische Behörde für Lebensmittelsicherheit (EFSA) hat darauf hingewiesen, dass das Saatgut

Superfoods können unsere Gesundheit unterstützen ...

... doch sollte man besser mit regionalen, ähnlich wertvollen Alternativen Umwelt und Geldbeutel schonen.

mit Pflanzenhormonen behandelt wird, um das Auskeimen zu synchronisieren, und dass ein in Europa verbotenes Bodenherbizid eingesetzt wird.

Bei Goji-Beeren sieht es ähnlich aus: Sie enthalten für Trockenfrüchte recht viel Vitamin C, allerdings auch sehr viele Kalorien im Vergleich zu anderen Früchten mit vergleichbarem Vitamin-C-Gehalt. Auch Goji-Beeren werden importiert, oft aus China. Immer wieder fallen sie durch hohe Pestizidrückstände auf – selbst in Produkten, die als Bio gekennzeichnet sind! Und auch bei Goji-Beeren gilt: Wer Blutverdünner nimmt, sollte sie sicherheitshalber meiden, denn sie scheinen den Abbau dieser Medikamente zu blockieren.

VERBRAUCHER-TIPP

! Samen sind ein gehaltvolles Nahrungsmittel. **Verwenden Sie aber möglichst regionale Samen, z. B. Leinsamen – in geschroteter Form können die wertvollen Inhaltsstoffe am besten von unserem Körper aufgenommen werden.**

! **Vitamin C ist kein Mangel-Vitamin bei uns, kaum jemand ist damit im Alltag unterversorgt. Wer dennoch gerne Goji-Beeren essen möchte, sollte sie** selbst anbauen: **Sie gedeihen gut bei uns. Gegen ein solches regionales und saisonales Superfood, frei von Pestiziden und zum kleinen Preis, spricht natürlich überhaupt nichts!**

PROTEINPRODUKTE – NUR TEURE WERBEMASCHE?

Manchmal hat man das Gefühl, unsere Ernährung soll durch Trends ständig neu erfunden werden – dabei ist unser Nährstoffbedarf doch der gleiche wie eh und je! Ein solcher Trend sind Eiweißprodukte. Vom „Proteinmüsli" bis zum „Eiweißbrot" findet man jetzt alle möglichen Lebensmittel mit entsprechendem Hinweis. Sogar normale Milchprodukte, die von Natur aus viel Protein enthalten, werden inzwischen als proteinreich beworben. Und dafür sollen wir natürlich auch extra zahlen! Lohnt sich das?

Zugegeben: Eiweiß ist enorm wichtig für unseren Körper, für die Zellen und für das Immunsystem. Glücklicherweise liefern uns aber zahlreiche Lebensmittel schon von Natur aus eine ausreichende Menge an Eiweiß. Ein durchschnittlicher Erwachsener benötigt ca. 0,8 g pro kg Körpergewicht und Tag. Bei älteren Menschen wird es etwas mehr, und auch beispielsweise bei stillenden Müttern, Säuglingen oder Extremsportlern liegt der Bedarf höher.

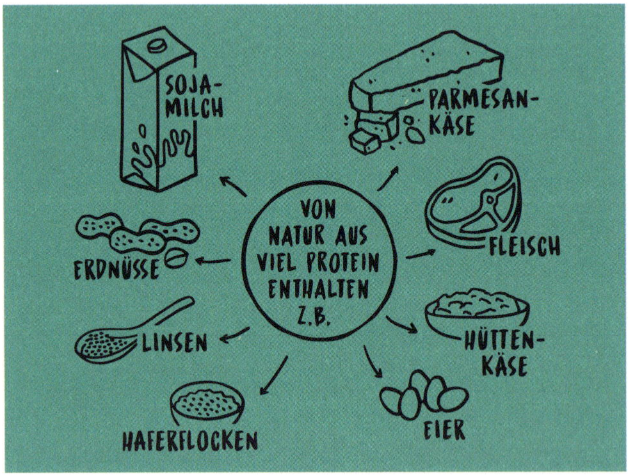

Eiweiß ist unverzichtbar für unseren Körper …

… doch wir nehmen über eine ausgewogene Ernährung meist ausreichend davon auf.

Zusätzliches Protein über Eiweißriegel und Co. kann für unsere Gesundheit sogar kontraproduktiv sein, denn solche Produkte enthalten oft viel Zucker oder Emulgatoren und andere künstliche Inhaltsstoffe. Und auch Produkte wie Knäckebrot oder Hüttenkäse, die explizit mit einem hohen Eiweißgehalt werben, haben einen Haken: In unseren Stichproben waren sie nämlich alle deutlich teurer als die vergleichbaren Produkte ohne den Werbehinweis – und einige von ihnen enthielten sogar weniger Protein als die Vergleichsprodukte!

!

VERBRAUCHER-TIPP

Wer sich ausgewogen ernährt, bekommt in der Regel die für die Körperfunktionen benötigte Menge an Proteinen ganz ohne teuren „Eiweißaufschlag"! Erst recht, wenn Sie dabei folgende Tipps beherzigen:

! Achten Sie auf eine gute Mischung aus pflanzlichen und tierischen Eiweißen, ideal ist ein Verhältnis von $^2/_3$ zu $^1/_3$: Grundsätzlich kann unser Körper tierische Eiweiße zwar besser verwerten als pflanzliche, weil diese dem menschlichen Körperprotein in ihrer Zusammensetzung stärker ähneln und der Körper sie dadurch einfacher verwerten kann. Trotzdem halten Experten den Verzehr von Eiweiß pflanzlichen Ursprungs für gesünder, denn Pflanzen liefern darüber hinaus z.B. Ballaststoffe und sekundäre Pflanzenstoffe.

! Essen Sie abwechslungsreich! Nicht alle Eiweißbausteine, die wir benötigen, stecken gleichermaßen in allen Pflanzen: Während z.B. Hülsenfrüchte eine bestimmte unentbehrliche Aminosäure enthalten, verfügt Getreide über eine andere.

! Die weit verbreitete Annahme, dass Proteine die Fettverbrennung ankurbeln, ist wissenschaftlich nicht belegt. Allein durch den Verzehr von Eiweißprodukten nehmen Sie also nicht ab.

ESSEN FÜR DIE SCHLANKE LINIE – ALLES LIGHT UND IN BALANCE?

Wer möchte nicht ein bisschen auf seine Linie achten oder ein paar Kilo abspecken?! Das weiß natürlich auch die Lebensmittelindustrie – und beglückt uns mit Produkten, die uns dabei unterstützen sollen, den sogenannten Light- und Balance-Produkten. Die Idee dahinter: Man kann alles essen, nur eben in der Balance-Variante! Doch das hat oft einen gravierenden Haken …

Also ist das alles Fake mit der Balance? Nicht wirklich: Wenn auf der Verpackung „fettreduziert“ oder „weniger Zucker steht, muss diese Aussage stimmen! Beispiel „Bresso Kräuter der Provence“: Die Balance-Variante wirbt mit Fettreduzierung und tatsächlich enthält sie weniger Fett als das herkömmliche Produkt. So weit, so gut. Schaut man sich jedoch die Zuckermenge an, stellt man fest: Da ist es genau umgekehrt! Weniger Fett bedeutet hier also mehr Zucker. Ähnlich ist es bei „Almette-“ und „Exquisa“-Produkten. Wer zu diesen Balance-Produkten greift, isst also automatisch mehr Zucker. Ein weiteres Problem: Weil der natürliche Fettanteil in Lebensmitteln einen sättigenden Effekt hat, der bei stark fettreduzierten Produkten entsprechend später eintritt, braucht man von diesen Produkten mit dem höheren Zuckeranteil tendenziell mehr als von den herkömmlichen Produkten, um ein Sättigungsgefühl zu erreichen. Und dann bringt es nichts mehr, dass die Balance-Produkte weniger Kalorien enthalten …
Natürlich gibt es auch Light-Produkte, die damit werben, weniger Zucker zu

Light-Produkte, die damit werben, enthalten wirklich weniger Fett oder Zucker …

… doch oft stecken dafür andere unerwünschte Zusätze drin.

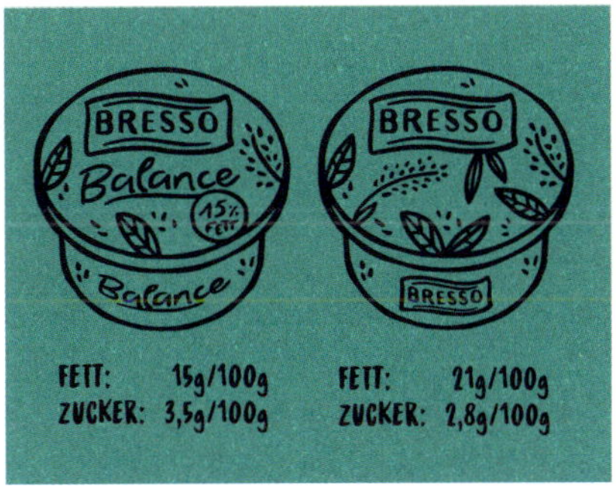

enthalten. Und auch dieses Versprechen wird eingehalten! Hier läuft das Spiel oft einfach anders herum: weniger Zucker, mehr Fett. Zum Beispiel der „Balance-Sahnejoghurt" von Zott: Er enthält etwas mehr Fett als der „normale" Sahnejoghurt, und der Zucker wurde durch Süßstoff ersetzt. Diabetologen warnen, dass der Zusatz von Süßungsmitteln unser Süßeempfinden erhöht, sodass wir immer mehr Süßes wollen – und das steigert dann wiederum die Zuckeraufnahme insgesamt.

Viele Produkte für die schlanke Linie fallen außerdem durch lange Zutatenlisten auf. Das liegt daran, dass sich eine Fettreduzierung beispielsweise auf die Konsistenz auswirkt und Zusatzstoffe erforderlich macht, z. B. Verdickungsmittel wie Stärke, Gelatine oder Carrageen (s. S. 38). Und zu guter Letzt wird bei herzhaften Light-Produkten auch gerne mehr Salz verwendet als in den herkömmlichen Produkten, was ebenfalls kritisch ist (s. S. 32).

VERBRAUCHER-TIPP

Der Nutzen von für die schlanke Linie ausgelobten Produkten ist also äußerst fragwürdig, und oft bezahlt man für diese auch noch einen höheren Preis. Für eine gesunde Ernährung braucht es solche Produkte nicht. Besser für die Balance – sowohl des Körpergewichts als auch des Geldbeutels – ist es,

- **unverarbeitete Lebensmittel zu kaufen und z. B. Fruchtjoghurts immer selbst zuzubereiten,**
- **auf die Verwendung guter Fette zu achten (s. S. 34),**
- **bewusst zu essen ohne Ablenkung – und wirklich nur so lange, bis man satt ist.**

BIO-PRODUKTE – ECHT GESÜNDER?

Bio-Lebensmittel können auch mit Pestiziden belastet sein …

… doch das ist eher selten der Fall und die Belastung ist dann deutlich geringer als bei konventionell erzeugten Produkten.

Das Siegel „Bio" verbinden viele immer noch mit regionalem Anbau, bäuerlicher Idylle und artgerechter Tierhaltung wie aus dem Bilderbuch. Doch so ist es längst nicht mehr. Bio-Produkte sind Massenprodukte geworden und Sie fragen sich vielleicht: Kann man sich als Verbraucher wirklich darauf verlassen, dass Bio-Qualität drin ist, wo Bio draufsteht? Ich jedenfalls kaufe sie meistens – ich sage Ihnen auch, warum.

Bei der Produktion nach Bio-Richtlinien sind bestimmte chemisch-synthetische Hilfsmittel oder Zusatzstoffe in den Lebensmitteln verboten. Bei Obst und Gemüse dürfen keine Pestizide eingesetzt werden. In der Tierhaltung gelten deutlich mehr Regeln zur Förderung des Tierwohls als bei der konventionellen Erzeugung, außerdem dürfen Medikamente nur eingeschränkt gegeben werden und das Futter muss bestimmte Kriterien erfüllen. Der Mindeststandard für diese Regeln wird durch das EU-Bio-Siegel definiert. Entgegen der Einschätzung vieler Verbraucher bedeutet dieses Siegel aber nicht, dass die Produkte aus der EU stammen – und auch nicht, dass sie in der oder durch die EU direkt kontrolliert werden. Es sagt nur, dass die EU-Regeln für Bio-Produkte bei diesem Produkt eingehalten werden müssen.

Doch wie sicher ist die Einhaltung der Kriterien dieses Siegels? In der Regel kann man sich darauf verlassen. Das Ministerium für Ländlichen Raum und Ver-

braucherschutz (MLR) Baden-Württemberg testet jedes Jahr stichprobenartig Bio- und konventionelle Produkte auf Rückstände von Pestiziden. Dabei wurde 2020 bei gerade mal 1,3 % der Bio-Produkte inklusive verarbeiteter Produkte eine gesicherte Überschreitung der EU-Höchstgehalte festgestellt. Vergleicht man Bio-Obst und -Gemüse mit konventionell angebautem, zeigt sich bei Letzterem eine signifikant höhere Belastung mit Pflanzenschutzmittel-Rückständen.

Soweit die erfreulichen Ergebnisse. Doch es gibt ein Aber – das habe ich bei einer Rechercheresie nach Chile herausgefunden. Auf Hinweis eines Insiders habe ich Bio-Apfelplantagen in Chile besucht und dort Blattproben genommen. Auf diesen Blättern wurden im Labor Pestizide nachgewiesen, die laut Expertenmeinung auf einen gezielten Einsatz von nach der Richtlinie verbotenen Pestiziden auf der Bio-Plantage hindeuten. Bei meinen Recherchen habe ich zudem herausgefunden, dass es durchaus möglich ist, Pestizide so einzusetzen, dass sie später auf dem Obst oder Gemüse nicht mehr nachweisbar sind. Für das Produkt damit kein Problem – doch unter Umweltgesichtspunkten ist Bio eigentlich etwas anderes. Möglich ist dieser Betrug, weil die Einhaltung der Vorgaben des EU-Bio-Siegels international von privaten Öko-Kontrollstellen überwacht wird – und diese stehen in finanzieller

Abhängigkeit zu den Produzenten, denn der Produzent kann sich oft aussuchen, von welcher Stelle er kontrolliert wird. Sprich: Zu große Strenge kann für den Kontrolleur unter Umständen geschäftsschädigend sein. Gerade in EU-fernen Ländern ist es schwierig, dieser Gefahr entgegenzuwirken: Die EU schafft es kaum, die weltweit 55 Kontrollstellen samt der geschätzten 900 Sub-Kontrollstellen permanent zu überwachen.

!

VERBRAUCHER-TIPP

Insgesamt fühle ich mich sicher bezüglich der Qualität von Bio-Produkten, denn die Stichproben zeigen: Selbst wenn man einen gewissen Prozentsatz an Betrugsware einrechnet, nimmt man deutlich weniger Pestizide auf als mit konventionellen Produkten. Darauf können Sie zudem achten:

- ! **Präferieren Sie, wo immer möglich, Produkte mit Bioland-, Demeter- oder Naturland-Siegel, denn diese haben noch strengere Kriterien als das EU-Bio-Siegel.**
- ! **Bei Obst und Gemüse kaufe ich nach der einfachen Regel „Regional vor Bio“. Wenn ich also die Wahl habe zwischen einem Bio-Apfel aus Neuseeland und einem konventionellen aus Deutschland, wähle ich den deutschen konventionellen. Bekomme ich einen deutschen in Bio-Qualität, nehme ich den – aber nur innerhalb der Saison. Denn ab April kippt die Öko-Bilanz des heimischen Bio-Apfels zugunsten des weitgereisten, weil der deutsche dann schon zu lange im Kühlhaus lag. Daher möglichst saisonal kaufen!**

2.

GESUNDHEIT & KÖRPERPFLEGE

NAHRUNGSERGÄNZUNGSMITTEL – MIT VORSICHT ZU GENIESSEN

Das Geschäft mit Nahrungsergänzungsmitteln (NEM) boomt – auch dank fragwürdiger Vertriebs- und Marketingmethoden einiger Hersteller. Man versucht, sich die Angst vor Krankheiten wie Krebs, Gelenkverschleiß, Gedächtnisverlust oder Inkontinenz – und natürlich aktuell auch vor Corona – zunutze zu machen. Dabei dürfen NEM gem. der Nahrungsergänzungsmittelverordnung (NemV), §1, keine Krankheiten behandeln oder heilen, sondern lediglich die normale Ernährung ergänzen. Und gesundheitsbezogene Aussagen sind nur im Rahmen der „Health-Claims-Verordnung" zulässig. Hinterfragen Sie solche Produkte also bitte immer!

NEM sind keine Arzneimittel, auch wenn sie in Kapsel-, Tabletten- oder Pulverform daherkommen. Sie gelten als Lebensmittel und fallen unter das Lebensmittelrecht, nicht unter das Arzneimittelrecht. Darum gibt es kein Zulassungsverfahren, Wirksamkeit und Sicherheit werden nicht durch eine Behörde überprüft. Bringt ein Hersteller ein NEM neu auf den Markt, muss er dies lediglich beim Bundesamt für Verbraucherschutz und Lebensmittelsicherheit (BVL) anzeigen. Für die Überwachung der rechtlichen Vorgaben sind die Landesbehörden zuständig. Um das Risiko dieses Systems zu verdeutlichen, hatten Reporter der ARD-Sendung Report Mainz im Jahr 2019 ein erfundenes NEM angemeldet, das einen giftigen Inhaltsstoff enthielt. Selbst Monate später gab es keine Reaktion der zuständigen Behörden, das giftige NEM hätte unbemerkt einfach verkauft werden können!

NEM werden immer wieder mit vollmundigen Versprechungen beworben, die ebenso regelmäßig von Gerichten als unzulässig eingestuft werden, z. B. „Arginin fördert den Aufbau von Muskeln und den Abbau von Fettgewebe." „Durch den regelmäßigen Verzehr von Cassia-Zimt zur Nahrungsergänzung kann der Zuckerstoffwechsel günstig beeinflusst werden." „... hilft gegen Durchfall." Callcenter-Mitarbeiter eines großen NEM-Herstellers berichteten Marktcheck gegenüber gar von von einem Leitfaden mit fragwürdigen Formulierungen, mit denen sie Kunden ködern sollten; etwa, dass bestimmte Produkte beim Kampf gegen Krebs helfen sollen.

Um die NemV auszuhebeln, sind manche Unternehmen findig geworden: Sie vertreiben ihre Produkte in Deutschland per Versandhandel, sitzen aber in einem anderen Land. Dort werden die Produkte nicht verkauft, weshalb etwaige Verstöße von den dortigen Behörden nicht verfolgt werden. Und wenn die Verbraucherzentralen in Deutschland Unterlassungserklärungen wegen unzulässiger Werbung erwirken, benennen sie ihr Produkt einfach um und werben wieder mit den verbotenen Aussagen, bis das erneut untersagt wird.

Auch Erfolgsgeschichten und Erfahrungsberichte von zufriedenen Nutzern werden gerne eingesetzt, um die Wirkung von NEM zu belegen. Grundsätzlich gilt auch hier: Werbung mit Krankheitsbezug ist verboten. Skeptisch sollte man auf jeden Fall sein, wenn in erster Linie persönliche Erfolgsberichte vorliegen – aber auch bei Werbung mit medizinischen Studien: Bei unseren Recherchen stießen wir z. B. immer wieder darauf, dass in den Studien Parameter gemessen wurden, die über die gesundheitliche Wirkung wenig aussagen, oder dass Studien mit unterschiedlichen Kriterien verglichen wurden.

Unter sogenannten Health Claims versteht man gesundheitsbezogene Aussagen zu bestimmten Inhaltsstoffen, meist Vitaminen und Mineralstoffen. Health Claims dürfen sich nicht auf bestimmte Krankheiten beziehen, sondern nur auf normale Körperfunktionen. Die Slogans müssen durch die EU-Kommission zuge-

Nahrungsergänzungsmittel sind sinnvoll …

… für bestimmte Risikogruppen oder Personen mit speziellen Bedürfnissen wie z. B. Schwangere.

lassen werden, und um damit werben zu dürfen, müssen die Stoffe in bestimmten Mengen enthalten sein. Einige Hersteller setzen ihren Produkten gar gezielt Stoffe zu, um mit den dafür erlaubten Aussagen werben zu können. Vor der Zulassung überprüft die Europäische Behörde für Lebensmittelsicherheit (EFSA), ob es für die Aussage ausreichend wissenschaftliche Nachweise gibt. Erlaubt sind z. B.: „Vitamin C trägt zur normalen Funktion des Immunsystems bei." „Calcium wird für die Erhaltung normaler Knochen benötigt." Die Liste wird ständig erweitert.

Und natürlich können NEM auch schaden! Durch sie kann man mehr Vitamine, Mineralstoffe etc. zu sich nehmen, als durch eine normale Ernährung möglich wäre, und bei einigen Inhaltsstoffen kann eine zu hohe Dosis kritisch werden. So kann z. B. zu viel Magnesium bei empfindlichen Menschen Durchfälle oder Magen-Darm-Beschwerden auslösen. Gesetzliche Höchstgrenzen für Vitamine und Mineralstoffe in Lebensmitteln sind jedoch bislang nicht festgelegt, es gibt lediglich Empfehlungen des Bundesinstituts für Risikobewertung (BfR).

VERBRAUCHER-TIPP

! In der Regel sind NEM überflüssig, wir sind in Deutschland mit Nährstoffen ausreichend versorgt. Die Mär vom Nährstoffmangel durch ausgelaugte Böden ist genau das: eine Mär.

! Sinnvoll sind NEM für bestimmte Risikogruppen, die z.B. ihren Nährstoffbedarf aufgrund einer Erkrankung nicht mit normaler Ernährung abdecken können, oder etwa Folsäure für Frauen mit Kinderwunsch und Schwangere.

! Hochdosiertes Vitamin D sollte nur auf ärztlichen Rat eingenommen werden.

! Lassen Sie sich nicht von Namen renommierter Kliniken oder von Professorentiteln blenden! Manchmal haben die Autoren der als Beweis für die Wirksamkeit herangezogenen Studien Beziehungen zu den Herstellern.

! Und Vorsicht vor allem bei Produkten aus dem Internet: Diese enthalten oft Stoffe, die nicht deklariert sind und die auch gesundheitsschädlich sein können. Und häufig sind sie völlig überteuert.

CBD-PRODUKTE – HANF HILFT?

Viele Menschen schwören derzeit bei verschiedenen Beschwerden auf Cannabidiol (CBD): Der Hanf-Inhaltsstoff soll z.B. entspannen, Schmerzen lindern oder beim Einschlafen helfen. Man findet daher aktuell überall in Drogerien, Bioläden oder Apotheken CBD-Produkte: Kaugummis, Drops, Tees, Müsliriegel, Kekse, Öl, Muskelgels ... Und mit diesem Trend lässt sich prima Kasse machen: Als Nahrungsergänzungsmittel können 10 ml CBD-Öl über 100 Euro kosten! Doch der CBD-Konsum kann auch böse Folgen haben.

Nutzhanfpflanzen, die in der Regel für die Herstellung der CBD-Produkte genutzt werden, enthalten in geringen Mengen Tetrahydrocannabinol (THC), das eine psychoaktive Wirkung hat. In CBD-Produkten darf der THC-Gehalt 0,2 % allerdings nicht übersteigen, da diese sonst unter das Betäubungsmittelgesetz fallen. Doch das Chemische und Veterinäruntersuchungsamt (CVUA) Baden-Württemberg in Karlsruhe und Stiftung Warentest haben herausgefunden, dass viele frei verkäufliche CBD-Produkte sehr hohe Gehalte aufweisen. Manche könnten schon in einer Einzeldosis so viel THC enthalten, dass dieses psychoaktiv wirkt, warnt Dr. Dirk Lachenmeier vom CVUA. Das zeigte auch ein Selbstversuch eines Marktcheck Reporters: Nachdem er abends eine Tasse CBD-Tee getrunken hatte, machte er am nächsten Morgen einen Drogen-Selbsttest auf THC. Ergebnis: positiv – dabei sollte der Tee laut Packungsangaben keine berauschende Wirkung haben!

Hanfprodukte sollen angeblich eine gesundheitsfördernde Wirkung haben ...

... doch ist diese nicht belegt und vor allem gibt es bislang keine Erkenntnisse zur Produktsicherheit.

Da vor dem 15. Mai 1997 kaum Produkte mit der Einzelsubstanz CBD verzehrt wurden, gelten solche als „neuartig" und unterliegen der Novel-Food-Verordnung. Das bedeutet: Sie müssen auf Sicherheit überprüft werden, bevor sie zum Verkauf zugelassen werden. Doch obwohl bis Anfang 2021 noch kein CBD-Produkt eine Zulassung hatte, wurden viele bereits seit Monaten verkauft!

Hanfsamen sowie Hanfsamenöl und -mehl übrigens gelten nicht als „neuartig" und dürfen darum offiziell verkauft werden. In Hanfsamen ist natürlicherweise kein THC enthalten; allerdings kann es bei der Ernte teilweise zu Verunreinigungen kommen. Und vom Niedersächsischen Landesamt für Verbraucherschutz und Lebensmittelsicherheit (LAVES) konnten auch hier schon Produkte gefunden werden, die einen höheren THC-Gehalt aufwiesen als den von der EU angestrebten Maximalgehalt.

VERBRAUCHER-TIPP

Derzeit ist CBD in Deutschland nur als Wirkstoff in einem Antiepileptikum und in einem speziellen Mundspray bei Multipler Sklerose zugelassen. Der genaue Wirkmechanismus ist längst nicht geklärt, und auch nicht, wie sich CBD auf die Organe auswirkt.

- ! **Verbraucherzentralen raten allgemein vom Verzehr von CBD-Produkten ab.**
- ! **Insbesondere Schwangere sollten Hanfprodukte aller Art keinesfalls einnehmen, ebenso wie Menschen, die gefährliche Maschinen bedienen oder Auto fahren.**

ABGELAUFENE MEDIKAMENTE – NOCH GUT ODER WEG DAMIT?

Neulich hatte ich Wochenendbesuch von einem befreundeten Paar, er ist ein erfahrener Arzt. Im Laufe des Wochenendes litt seine Frau an Schmerzen und benötigte ein Schmerzmittel. Ein Blick in unsere Familien-Hausapotheke ergab ein mageres Bild: Ich konnte Paracetamol-Tabletten anbieten, seit 5 Jahren abgelaufen, und Ibuprofen-Tabletten, seit 4 Jahren abgelaufen. Meine Freunde entschieden sich für die älteren Tabletten. Begründung: Es wäre sinnvoll, diese zuerst aufzubrauchen!

„Wie bitte?“, denken Sie jetzt womöglich. „Da nimmt jemand Medikamente ein, deren Verfallsdatum überschritten ist?!“ Doch ich kann Sie beruhigen: In vielen Fällen kann man das tatsächlich bedenkenlos tun! Das Verfallsdatum bei Medikamenten ist nämlich ein Datum, über das der Hersteller auch aufgrund seiner Marktstrategie entscheidet. Es wird nicht rein wissenschaftlich vom Wirkstoff des Arzneimittels abgeleitet. Und es bedeutet nur, dass die Haltbarkeit bis zum genannten Datum vom Hersteller belegt ist. Danach ist das Mittel jedoch nicht automatisch unbrauchbar.

Wenn man bedenkt, dass allein die gesetzlichen Krankenkassen in Deutschland jedes Jahr mehr als 40 Mrd. Euro für Arzneimittel bezahlen, von denen schätzungsweise 10–15 % unbenutzt im Müll landen, klingt das nach sehr viel Geld und sehr viel Müll, die man sparen könnte. Und dazu kommen auch noch all die Medikamente, die wir ohne Rezept in der Apotheke kaufen.

Nicht alle Medikamente kann man nach Ablauf noch verwenden …

… aber Tabletten und Granulate sind oft deutlich länger wirksam als angegeben.

Studien aus den USA legen nahe, dass viele Arzneimittel auch 5 Jahre nach Ablauf noch über mehr als 90 % des angegebenen Wirkstoffgehalts verfügten und weiter genutzt werden konnten, berichtet der Gesundheitswissenschaftler Prof. Gerd Glaeske in Marktcheck. Und dass Menschen durch abgelaufene Arzneimittel zu Schaden kommen, ist kaum belegt. Trotzdem liegt das Risiko bei Verwendung eines abgelaufenen Medikaments natürlich beim Verbraucher, der Hersteller haftet nur bis zum Ablauf des Verfallsdatums – auch weil er nicht für die ordnungsgemäße Lagerung des Medikaments bei uns zuhause garantieren kann.

VERBRAUCHER-TIPP

Darauf sollten Sie bei der Verwendung und Lagerung von Medikamenten achten:

! **Ob ein Medikament nach Ablauf des Verfallsdatums noch verwendbar ist, hängt davon ab, ob es sich um Tabletten, Salbe oder Flüssigkeit handelt. Bei Flüssigkeiten, also Tropfen und Sprays, aber auch Salben, besteht die Gefahr der Verkeimung, sie dürfen nach Ablauf des Verfallsdatums nicht mehr verwendet werden. Anders sieht es bei Tabletten oder Granulaten aus.**

! **Medikamente möglichst nicht im Bad lagern wegen der Feuchtigkeit und Wärme in diesem Raum.**

! **Wichtig: Im Zweifel lieber entsorgen! In den meisten, aber nicht in allen Kommunen können Medikamente über den Restmüll entsorgt werden; bitte vorher informieren und Medikamente auf keinen Fall in der Toilette entsorgen, denn sie belasten unser Trinkwasser.**

SCHLAFMITTEL – OHNE REZEPT, ABER MIT RISIKEN

Rezeptfreie Schlafmittel sind genauso wirksam wie rezeptpflichtige …

… und sie bergen auch genauso viele Risiken.

Wer nicht schlafen kann, wird schnell nervös, und viele unter Schlaflosigkeit Leidende greifen zu Tabletten: Rund 22 Mio. Packungen rezeptpflichtige Schlafmittel werden Jahr für Jahr verordnet – plus 10 Mio. Packungen rezeptfreie Schlafmittel! Doch auch Letztere sind alles andere als harmlos …

Der Pharmakologe Prof. Gerd Glaeske erklärt in Marktcheck: „All diese Mittel wirken auf das zentrale Nervensystem. Es kann zu Depressionen und Stürzen kommen, die kognitiven Fähigkeiten und die Konzentrationsfähigkeit können leiden." Vor allem für ältere Menschen sind Schlafmittel gefährlich, weil ihre Leber sie nur langsam abbaut. Und auch bei rezeptfreien Mitteln kann es Wechselwirkungen mit anderen Arzneimitteln geben. Doch eine Marktcheck-Stichprobe in Apotheken zeigte: Auf Nebenwirkungen wird kaum hingewiesen.

VERBRAUCHER-TIPP

! **Wer dauerhaft schlecht schläft, bekämpft mit Tabletten nur das Symptom, aber nicht die Ursache. Eine bessere Schlafhygiene, ein anderer Lebensrhythmus, weniger Stress, mehr Bewegung oder ggf. eine Psychotherapie derweil können nachhaltiger helfen.**

! **Wenn Sie ab und an mal schlecht schlafen, geraten Sie nicht in Panik: Das ist ganz normal!**

BLUTDRUCKMESSGERÄTE – WENN IHNEN DER PULS HOCHGEHT

Mehr als 300.000 Menschen erleiden in Deutschland jedes Jahr einen Herzinfarkt. Ein Risikofaktor dafür ist Bluthochdruck. Wer dazu neigt, sollte ein Messgerät zuhause haben und den Blutdruck regelmäßig kontrollieren. Doch wie zuverlässig sind diese Geräte, und wie misst man den Blutdruck richtig?

Bei Marktcheck haben wir den Test gemacht und eine Stuttgarter Senioren-WG gebeten, sechs Blutdruckmessgeräte auszuprobieren: drei für das Handgelenk, drei für den Oberarm. Preislich lagen die Geräte bei 13–40 Euro (Handgelenkmessung) bzw. 30–80 Euro (Oberarmmessung). Die Messgenauigkeit haben wir von Experten der Uniklinik Mannheim überprüfen lassen.

Die Ergebnisse: Bezüglich der Messmethode – am Oberarm oder am Handgelenk – gab es kaum Unterschiede in der Messgenauigkeit. Bei den Oberarm-Geräten war diese durchweg sehr zufrie-

denstellend; bei den Geräten fürs Handgelenk gab es lediglich einen Ausreißer, und zwar beim günstigsten Gerät für 13 Euro. In der Handhabung wurden von den Testern besonders die Geräte positiv bewertet, die ein Tonsignal abgaben, wenn die Manschette richtig angelegt war, und die eine Farbskala hatten, die dabei half, den Messwert schneller einzuordnen.

VERBRAUCHER-TIPP

Sowohl am Handgelenk als auch am Oberarm lässt sich der Blutdruck zuhause gut kontrollieren.

! **Wenn es um die Vermeidung von Messfehlern geht, sind die Geräte für den Oberarm noch ein wenig sicherer.**

! **Kaufen Sie am besten ein Gerät mit dem Prüfsiegel der Deutschen Hochdruckliga: Diese haben aufwendige Studien zur Messgenauigkeit bestanden.**

MEDIZINPRODUKTE – EINFACH NUR CLEVER AUSGELOBT?

Die Deklaration „Medizinprodukt" auf der Verpackung eines Produkts klingt nach guter Kontrolle und strenger Zulassung, ähnlich wie bei Arzneimitteln, oder? Nun, das ist leider ein Trugschluss. Trotzdem dürfen auch Medizinprodukte mit der Wirkung gegen Krankheiten werben. Wie kann das sein?

Welche Produkte als Medizinprodukt bezeichnet werden dürfen, ist durch das Medizinproduktegesetz (MPG) festgelegt. Es gehören nicht nur Geräte wie Röntgengeräte oder OP-Besteck, Implantate, Sehhilfen und Verbandsmaterial dazu, sondern auch Nasen- und Augentropfen oder Kondome und – und das wird Sie jetzt überraschen – auch Produkte, die wie Arzneimittel in Kapsel- oder Tablettenform daherkommen! Der wesentliche Unterschied zu Arzneimitteln ist der Wirkmechanismus: Medizinprodukte dürfen nicht pharmakologisch oder immunologisch wirken. Sie greifen nicht in den Stoffwechsel des Menschen ein, sondern wirken überwiegend physikalisch.

Manche Produkte, z. B. Mittel gegen Blähungen oder Darmbeschwerden, sind sogar sowohl als Arzneimittel als auch als Medizinprodukt erhältlich, und das, obwohl sie zum Teil dieselben Wirkstoffe enthalten. Doch warum machen die Hersteller das? Nun, als Medizinprodukte sind die Mittel frei verkäuflich, dürfen also auch in Drogerien und Supermärkten verkauft werden; das steigert den Umsatz. Zudem darf der Hersteller für Medizinprodukte mit der Wirksamkeit bei Krankheiten werben, obwohl die

Viele Medizinprodukte versprechen frei verkäufliche Abhilfe bei Beschwerden …

… dabei sollten sie genau wie Arzneimittel nur mit besonderer Vorsicht eingenommen werden.

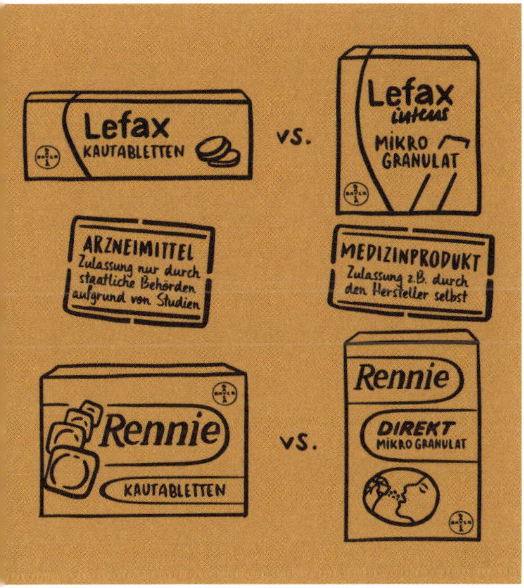

Wirksamkeitsnachweise bislang deutlich weniger strengen Anforderungen und Vorschriften unterworfen sind als bei Arzneimitteln. Und zu guter Letzt ist es deutlich einfacher, derartige Mittel als Medizinprodukte auf den Markt zu bringen: Der Hersteller muss lediglich nachweisen, dass das Produkt die technischen und medizinischen Anforderungen erfüllt. Nur für Medizinprodukte mit höherem Risiko wie Implantate sind seit Ende Mai 2021 ebenfalls klinische Prüfungen vorgeschrieben. Je nach Risikoklasse reicht hierfür eine Selbsterklärung aus, oder der Anbieter muss sich an eine unabhängige Prüf- und Zertifizierungsstelle wenden. Die Einhaltung der gesetzlichen Anforderungen und die Sicherheit des Medizinprodukts werden durch das CE-Zeichen bestätigt. Für Arzneimittel dagegen müssen für die Zulassung in aufwändigen klinischen Studien Wirksamkeit, Unbedenklichkeit und Qualität belegt werden.

VERBRAUCHER-TIPP

Augen auf bei der Einnahme von Medizinprodukten: Das gesundheitliche Risiko der Eigenmedikation tragen die Kunden selbst!

! **Auch hinter vermeintlich harmlosen Beschwerden wie Blähungen, Durchfall oder Bauchschmerzen kann sich eine ernsthafte Krankheit verbergen. Treten solche Beschwerden regelmäßig auf, sollten sie nicht einfach selbst behandelt werden. Die Ursache ist vielmehr dringend ärztlich abzuklären.**

! **Auch bei Medizinprodukten kann das Risiko von Wechselwirkungen mit anderen Medikamenten bestehen. Auch das muss unbedingt vor Einnahme abgeklärt werden.**

PATIENTENRECHTE – WAS SIE ERWARTEN DÜRFEN, WAS SIE TUN SOLLTEN

Wir haben als Patienten das Recht, gut behandelt und aufgeklärt zu werden. Zugleich haben wir die Pflicht, selbst mitzudenken. Denn am Ende ist es unser Körper und wir tragen die Verantwortung. „Götter in Weiß" gibt es nicht! Dafür gibt es viele gute Ärztinnen und Ärzte – doch wie findet und erkennt man diese?

Das Wichtigste ist, dass Sie selbstbewusst in den Arzttermin gehen, alle Fragen stellen, die Sie haben, und auf Ihren Bauch hören: Wenn Sie sich nicht gut aufgehoben und ernstgenommen fühlen, suchen Sie sich einen anderen Arzt. Sie sollten das Gefühl haben, dass Sie freundlich und respektvoll behandelt werden, auch vom Praxispersonal; dass keine Entscheidung über Ihren Kopf hinweg getroffen wird; dass Sie umfassend informiert und aufgeklärt werden. Zudem sollte es einfach sein, Ihre Unterlagen zur Einsicht zu bekommen – auch das ist Ihr gutes Recht! Kopien zum Mitnehmen können Sie gegen Erstattung der Kosten verlangen.

Ein Unsicherheitsfaktor für viele Patienten sind die sogenannten Individuellen Gesundheitsleistungen (IGeL), also Behandlungen, die nicht von der Kasse übernommen werden. So gut wie alle Ärzte bieten diese bei Gelegenheit an. Doch auch hierfür gibt es klare Regeln: Dem Patienten muss vor der Behandlung eine Vereinbarung über die Leistung vorgelegt werden mit der entsprechenden Kennziffer der Gebührenordnung für Ärzte. Die Honorarhöhe muss festgeschrieben sein und ein Hinweis, dass der Patient darüber aufgeklärt wurde, dass die Krankenkasse diese Leistung nicht bezahlt. Die Vereinbarung ist zu unterschreiben.

Als Patient haben Sie Rechte …

… die sollten Sie kennen und nutzen.

!

VERBRAUCHER-TIPP

! Schreiben Sie sich die Fragen auf, die Sie in der Praxis stellen möchten: So können Sie nichts vergessen.

! Nehmen Sie ggf. eine vertraute Person zum Termin mit.

! Bringen Sie eine Liste mit den Medikamenten – rezeptpflichtige wie freiverkäufliche – mit, die Sie einnehmen, sowie Befunde von anderen Ärzten, falls vorhanden.

! Viele IGeL sind medizinisch nicht erforderlich. Informieren Sie sich gründlich, ob Sie tatsächlich von der empfohlenen Leistung profitieren, bevor Sie einwilligen.

! Stellen Sie konkrete Fragen, z.B.:
Zur Diagnose: Wie lautet sie und was bedeutet das genau? Wie ist der (mutmaßliche) Krankheitsverlauf?
Zur Untersuchung: Wie wird sie durchgeführt? Wie sicher ist die Methode, welche Risiken gibt es? Ist sie für mich mit Kosten verbunden?
Zur Behandlung: Was empfehlen Sie mir und warum? Gibt es Alternativen dazu und wenn ja, welche? Was kann ich selbst zur Heilung/Besserung beitragen?

! Zu verordneten Medikamenten: Was bewirken diese? Welche Nebenwirkungen gibt es? Und welche Wechselwirkungen mit anderen Medikamenten, die ich einnehme? Was muss ich bei der Einnahme bezüglich meiner Ernährung beachten? Wann soll ich sie einnehmen?

DEOS MIT ALUMINIUM – TATSÄCHLICH BESSER ALS IHR RUF?

Aluminiumsalze sollen aus Deos nur in geringen Mengen aufgenommen werden …

… allerdings nehmen wir im Alltag ohnehin meist schon mehr Aluminium auf, als gesund ist.

Das Bundesinstitut für Risikobewertung (BfR) warnte 2014 erstmals vor der Gefahr durch die langfristige Anwendung aluminiumhaltiger kosmetischer Mittel, und dadurch gerieten vor allem Deos mit Aluminium stark in Verruf. Fakt ist: Das Leichtmetall kann das Nervensystem schädigen und negative Effekte auf Nieren und Knochenentwicklung haben. 2020 gab das BfR dann überraschend Entwarnung. Doch was macht das Aluminium überhaupt im Deo? Und wie viel Aluminium ist zu viel für unseren Körper?

Aluminiumsalze, vor allem in Form von Aluminiumchlorohydrat (ACH), stecken in sogenannten Antitranspiranten, Kosmetika, die im Grunde nicht nur den Schweißgeruch verhindern sollen, sondern das Schwitzen an sich. Die Aluminiumsalze sorgen dabei dafür, dass sich die Hautporen zusammenziehen, außerdem werden die Ausführungsgänge der Schweißdrüsen für eine bestimmte Zeit blockiert. Deos ohne Aluminium versuchen dagegen vor allem, unangenehme Gerüche zu verhindern, z. B. durch antibakterielle Substanzen oder Duftstoffe. Das Schwitzen an sich können sie jedoch in der Regel nicht stoppen.

Das Aluminium in Deos kann über die Haut oder (bei Sprays) durch Einatmen aufgenommen werden. Laut Empfehlung der Europäischen Behörde für Lebensmittelsicherheit (EFSA) soll ein Erwachsener pro Woche nicht mehr als 1 mg Aluminium pro kg Körpergewicht aufnehmen. Doch Aluminium steckt ja nicht nur in Deos: Einen großen Teil der

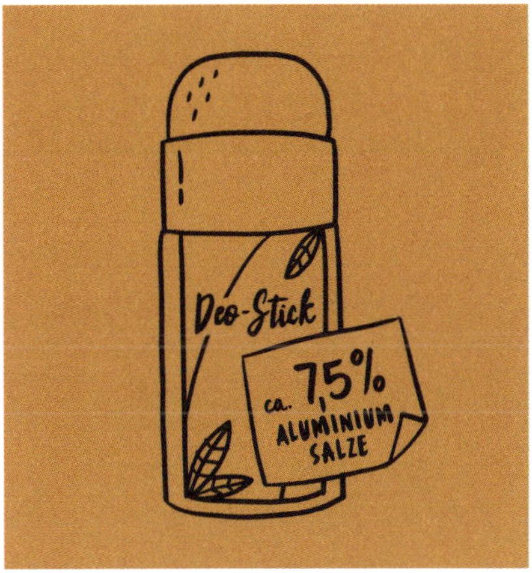

duldbaren wöchentlichen Aufnahmemenge nimmt man in der Regel über Lebensmittel und das Trinkwasser zu sich, und auch von Lebensmittelverpackungen oder Alu-Kochgeschirr kann es in Lebensmittel übergehen. Bei gesunden Menschen wird der größte Teil des aufgenommenen Aluminiums über die Nieren wieder ausgeschieden. Es kann sich aber auch im Körper anreichern.

Bei Antitranspiranten beträgt der maximale Aluminiumgehalt je nach Produkt laut Angaben der Industrie maximal 7,5 %. Wie viel Aluminium tatsächlich über die Haut aufgenommen wird, war lange unklar, weil Studien fehlten. Deshalb hatte der Wissenschaftliche Ausschuss für Verbrauchersicherheit (SCCS) bei der EU-Kommission die Industrie zu weiteren Studien aufgefordert. Dabei wurde herausgefunden, dass über die Haut weniger Aluminium aufgenommen wird als bisher angenommen.

Die Toxikologin Dr. Marike Kolossa vom Umweltbundesamt hält wenig von den neuen Studien. Sie seien nicht repräsentativ, da viel zu wenig Probanden untersucht worden seien. Außerdem sei nicht untersucht worden, wie viel Aluminium die Probanden beispielsweise über die Nahrung zu sich genommen haben.

!

VERBRAUCHER-TIPP

Trotz der Entwarnung durch das BfR kann es sinnvoll sein, bevorzugt zu Deos ohne Aluminium zu greifen. Denn die Auswirkungen von Aluminium auf unseren Körper sind noch nicht genau erforscht.

- ! **Fahren Sie zweigleisig und entscheiden Sie je nach Situation, was für ein Deo Sie verwenden möchten: Die Varianten ohne Aluminiumsalze sind in der Regel nicht ganz so effektiv wie die mit.**
- ! **Wenden Sie Deos mit Aluminium möglichst nicht auf frisch rasierter Haut an.**

SILIKONFREIE SHAMPOOS – WIRKLICH BESSER?

In vielen Shampoos stecken Silikone, doch es hat sich inzwischen herumgesprochen, dass diese umweltschädlich sind und Haare und Kopfhaut langfristig schädigen können. Immer mehr Verbraucher bevorzugen daher silikonfreie Shampoos, doch Achtung: „Silikonfrei" ist in diesem Zusammenhang unter Umständen bloß ein Trick findiger Hersteller!

Das Problem für die Umwelt: Silikone können in der Kläranlage nicht abgebaut werden und gelangen darum als Schadstoffe in die Umwelt. Das Problem für unsere Haare: Sie legen sich beim Haarewaschen wie ein Film um die einzelnen Haare und auf die Kopfhaut. Dadurch wird der Feuchtigkeits- und Stoffaustausch zwischen Kopfhaut und Umgebung erschwert, was der Kopfhaut nach Meinung von Hautärzten nicht guttut. Und die Haare selbst wirken zwar zunächst sehr weich und gepflegt. Tatsächlich aber können sie durch den Film Pflegestoffe nicht mehr aufnehmen und werden immer trockener, spröder und brüchiger.

Der Trend geht aus diesen Gründen zu silikonfreien Shampoos. Doch hier hat sich die Kosmetikindustrie einen Trick einfallen lassen, damit auf die (zumindest für sie) positiven Eigenschaften der Silikone nicht verzichtet werden muss – wir sprechen vom „Frei-von-Trick"! Man ersetzt nämlich einfach die Silikone im Shampoo durch andere Inhaltsstoffe mit ähnlicher Wirkung, und schon kann man

Silikonfreie Shampoos sind besser für Haare und Kopfhaut ...

... wenn sie nicht anstelle von Silikonen einfach nur andere Kunststoffe enthalten.

ganz legal und ohne Einbußen mit „silikonfrei" werben!

Glauben Sie nicht? Wir haben für Marktcheck verschiedene Shampoos gekauft, die damit werben, silikonfrei zu sein, und an der Hochschule für Angewandte Wissenschaften in Hamburg von der Umweltanalytikerin Prof. Gesine Witt analysieren lassen. Das Ergebnis: In einigen Produkten entdeckte die Expertin gleichwertige Ersatzstoffe, z. B. andere Flüssigkunststoffe.

VERBRAUCHER-TIPP

! Vertrauen Sie Shampoos mit dem Attribut „silikonfrei" nicht blind! Achten Sie vielmehr bei diesen Produkten noch genauer auf die Inhaltsstoffe als ohnehin schon. Um das zu erleichtern, gibt es einschlägige Apps wie Codecheck oder Toxfox, die anhand des abgescannten Barcodes die Inhaltsstoffe inklusive ihrer Gefahreneinordnung anzeigen.

! Greifen Sie zu zertifizierter Naturkosmetik (s. S. 70), für diese sind Kunststoffe nämlich grundsätzlich verboten.

! Wenn Sie auf Produkte umstellen, die tatsächlich frei von Kunststoffen jeglicher Art sind, können die Haare vorübergehend matt und stumpf aussehen. Lassen Sie sich davon nicht abschrecken: Sobald alle Silikonreste ausgewaschen sind, normalisiert sich ihr Zustand schnell und sie werden wieder kräftig und glänzend.

„0% PARABENE“ – SCHÖN WÄRE ES!?

Es gibt schlechte Parabene, mit denen wir nicht in Kontakt kommen sollten …

… doch auch die Ersatzstoffe, die verwendet werden, haben es häufig in sich!

In Marktcheck berichten wir regelmäßig von Inhaltsstoffen, die gesundheitsschädlich sein können. Manche Parabene gehören auch dazu, das hat sich mittlerweile herumgesprochen. Heute greifen Verbraucher gerne zu Kosmetika, die damit werben, frei von Parabenen zu sein. Was dabei oft nicht bemerkt wird: Ersatzstoffe lauern überall, denn die Parabene stecken nicht ohne Grund in den Produkten!

Laut Toxikologin Dr. Marike Kolossa vom Umweltbundesamt gibt es gute und schlechte Parabene, es ist also nicht nötig und auch nicht richtig, Parabene per se zu verteufeln. Parabene werden in Kosmetika häufig als Konservierungsmittel eingesetzt. Sie sind hormonell wirksam und manche stehen im Verdacht, Brustkrebs zu fördern. Kein Wunder, dass sich die Kosmetikhersteller von diesen umstrittenen Inhaltsstoffen distanzieren wollen. Doch ohne Konservierungsstoffe geht es kaum, die Produkte müssen ja irgendwie haltbar gemacht werden …

Für Marktcheck haben wir verschiedene „0 % Parabene“-Produkte von Dr. Kolossa unter die Lupe nehmen lassen, und tatsächlich: Die Dove Pflegedusche enthält zwar keine Parabene, dafür aber den Konservierungsstoff DMDM-Hydantoin, der Formaldehyd abspaltet, welches als krebserregend eingestuft wird. Das Formaldehyd dürfe in diesem Produkt zwar nicht in kritischen Mengen entstehen, so die Expertin, aber es sei dennoch reizend und irritierend für die Haut – und noch bedenklicher als manches Paraben. In einem entsprechend beworbenen Shampoo der Marke Head and Shoulders fand Dr. Kolossa Methylisothiazolinon. Dieser Konservierungsstoff kann heftige allergische Reaktionen wie Hautausschläge auslösen. In Kosmetika, die auf der Haut verbleiben, ist Methylisothiazolinon daher verboten. In Produkten, die sofort wieder abgewaschen werden („Rinse-off"-Produkte), ist der Stoff in einer geringen Konzentration erlaubt. Unsere Expertin warnte allerdings, dass auch hierbei ein Kontakt stattfinde, auf den sensibilisierte Menschen reagieren können – und dabei soll das Produkt auch noch speziell für empfindliche Kopfhaut sein.

VERBRAUCHER-TIPP

! Achten Sie – wie immer – auf die Inhaltsstoffe der Produkte, die Sie kaufen wollen. Dabei helfen Apps wie Codecheck oder Toxfox, die anhand des abgescannten Barcodes die Inhaltsstoffe inklusive ihrer Gefahreneinordnung anzeigen. Faustregel: Je kürzer die Liste der Inhaltsstoffe auf einem Kosmetikprodukt ist, desto weniger problematische Stoffe können enthalten sein.

! Greifen Sie zu zertifizierter Naturkosmetik (s. S. 70), für diese sind viele bedenkliche Inhaltsstoffe nämlich grundsätzlich verboten.

NATURKOSMETIK – GRÜNER ANSTRICH, NICHTS DAHINTER?

Sie werben mit natürlichen Inhaltsstoffen wie Mandel, Lavendel, Hanf oder kaltgepresstem Pflanzenöl und designen die Verpackungen so, dass sie „öko" aussehen: Immer mehr Kosmetikhersteller produzieren scheinbar natürliche Kosmetik. Doch im Inhalt können sich trotzdem problematische Stoffe verbergen, denn der Begriff „Naturkosmetik" ist nicht gesetzlich geschützt. Für Marktcheck haben wir das Thema einmal genauer beleuchtet.

Wir suchten in verschiedenen Läden nach Produkten, die den Eindruck von Naturkosmetik erwecken, und zeigten sie der Chemikerin und Kosmetikexpertin Dr. Kerstin Etzenbach-Effers von der Verbraucherzentrale Nordrhein-Westfalen. Bei einer beliebten Handelskette für Körperpflegeprodukte und Raumdüfte, die damit wirbt, von alten Traditionen fernöstlicher Kulturen inspiriert zu sein, fanden wir einen Handbalsam, der nach japanischer Naturkosmetik aussah. Unsere Expertin entdeckte in der Inhaltsstoffliste Cyclopentasiloxane und Cyclohexasioxane – und diese stehen auf der „Liste der besonders besorgniserregenden Stoffe" der Europäischen Chemikalienagentur (ECHA), weil sie in der Umwelt nicht abgebaut werden und sich in lebenden Organismen anreichern können. Im Naturkosmetikregal einer großen Drogeriekette fanden wir ein Duschgel einer Marke, die mit Rezepturen auf Basis „einer Sammlung von

Auch vermeintliche Naturkosmetik-Produkte können bedenkliche Stoffe enthalten …

… doch es gibt vertrauenswürdige Siegel, die echte, zertifizierte Naturkosmetik auszeichnen.

3.000 pflanzlichen Heilmitteln" wirbt. Zusätzlich sollte das Produkt laut Verpackungsangabe frei von allen möglichen umstrittenen Inhaltsstoffen sein. Doch auf der Inhaltsstoffliste fand Dr. Etzenbach-Effers Imidazolidinyl Urea. Dieser synthetische Konservierungsstoff kann Formaldehyd abspalten, welches als krebserregend eingestuft wird, und allergische Reaktionen hervorrufen. Und gleich in mehreren scheinbar „natürlichen" Produkten wurden Varianten des Kunststoffs Polyquaternium entdeckt – biologisch schwer abbaubar und giftig für Wasserorganismen sowie weitere Stoffe, die im Verdacht stehen, krebserregend oder hormonell wirksam zu sein, oder als umweltschädigend gelten.

Zum Glück gibt es einige Naturkosmetik-Gütesiegel, auf die man vertrauen kann, was die Inhaltsstoffe betrifft.

1. Das Natrue-Siegel bekommen nur Kosmetikprodukte mit Inhaltsstoffen, die als natürlich, naturidentisch oder naturnah eingestuft sind. Wenn zudem „Biokosmetik" auf dem Produkt steht, müssen die Inhaltsstoffe zu mindestens 95 % aus kontrolliert biologischer Erzeugung und/oder aus kontrollierter Wildsammlung stammen.
2. Cosmos: Wird von einem gemeinnützigen, unabhängigen Verband von Naturkosmetik-Zertifizierern vergeben, deren Ziel ein internationaler Standard für zertifizierte Naturkosmetik ist. Es gibt ein Siegel für Naturkosme-

ausschließlich als natürlich, naturidentisch oder naturnah eingestufte Stoffe erlaubt

genaue Herkunftsvorgaben für Rohstoffe, Verbot bestimmter Substanzen

tik („Cosmos Natural") und eines für Biokosmetik („Cosmos Organic"). Für die Vergabe müssen z. B. Rohstoffe wie Palmöl, Glycerin oder Fettsäuren aus biologischem oder zertifiziert nachhaltigem Anbau stammen. Nicht zugelassen sind genveränderte Bestandteile, genetisch veränderte Pflanzenrohstoffe oder tierische Rohstoffe, die von lebenden oder geschlachteten Wirbeltieren extrahiert wurden. Und natürlich dürfen Stoffe wie PEGS, Silikone und Paraffine nicht eingesetzt werden.

VERBRAUCHER-TIPP

! **Solange der Begriff „Naturkosmetik" nicht rechtlich geschützt ist, sollte man sich auf die genannten Siegel verlassen, die echte Naturkosmetik auszeichnen.**

! **Schauen Sie mal in Ihrem Drogeriemarkt nach den Eigenmarken: Auch diese tragen oft solche Siegel. Zertifizierte Naturkosmetik muss also nicht teuer sein!**

KOSMETIK AUS DER APOTHEKE – WIRKLICH HOCHWERTIGER?

Viele Kunden glauben, dass Kosmetikprodukte aus der Apotheke besonders hochwertig und hautverträglich sind und außerdem weniger kritische Inhaltsstoffe enthalten. Doch eine Stichprobe von Marktcheck zeigte: Auch in Kosmetika aus der Apotheke können bedenkliche oder allergieauslösende Inhaltsstoffe stecken.

Der Verkauf von Kosmetikprodukten ist für Apotheken ein wichtiges Standbein – und sie profitieren dabei von ihrem Image, meint Marketingexperte Prof. Andreas Kaapke. Er beschäftigt sich schon lange mit diesem besonderen Verkaufsort: „Das Produkt steht nicht einfach nur wie in einer Drogerie im Regal, sondern im Optimalfall sagt dem Kunden ein Mensch in weißem Kittel: ‚Nehmen Sie das, damit machen Sie alles richtig.' Das wertet das Produkt auf." Das Verkaufspersonal sei als „Veredler" der Ware zu interpretieren.

Darüber hinaus unterscheiden sich die Kosmetikprodukte, die in der Apotheke verkauft werden, in vielen Punkten nicht von jenen aus der Drogerie:

- Wie alle Kosmetikprodukte unterliegen auch Apotheken-Kosmetika der EU-Kosmetikverordnung.
- Häufig stecken Kosmetikriesen hinter den Marken. So gehört Eucerin etwa zum Beiersdorf-Konzern, der auch Nivea herstellt. Und Vichy gehört zu L'Oréal, ebenso La Roche-Posay.

Kosmetikprodukte aus der Apotheke genießen ein sehr hochwertiges Image …

… wenn man sich die Inhaltsstoffe aber anschaut, unterscheiden sie sich kaum von denen aus der Drogerie.

Doch sind sie inhaltlich nicht dennoch hochwertiger? Für Marktcheck haben wir eine Stichprobe gemacht und mehrere Produkte verschiedener Hersteller eingekauft, z. B. von Eucerin, Vichy, La Roche-Posay und Avène. Diese haben wir von Chemikerin und Kosmetikexpertin Dr. Kerstin Etzenbach-Effers von der Verbraucherzentrale Nordrhein-Westfalen bewerten lassen. Das Ergebnis: Auf den langen Inhaltsstofflisten mehrerer Produkte fanden sich problematische Inhaltsstoffe.

In einer Reinigungsmilch etwa wurden Polyethylenglykole (PEG) gefunden. Diese können die Barrierefunktion der Haut herabsetzen: Dadurch können Wirkstoffe besser aufgenommen werden, aber so gelangen auch allergieauslösende Duftstoffe, Parabene und andere Schadstoffe möglicherweise noch tiefer in die Haut.

In einem Lippenpflegestift fand Dr. Etzenbach-Effers Mineralöl, hergestellt aus Erdöl. Solches Mineralöl besteht zum Großteil aus gesättigten Kohlenwasserstoffen (MOSH) und Aromatischen Kohlenwasserstoffen (MOAH). Die EU-Kosmetikverordnung erlaubt den Einsatz von Mineralöl unter bestimmten Voraussetzungen, dennoch warnen Verbraucherschützer davor, vor allem im Zusammenhang mit Lippenpflegestiften: MOSH können sich z. B. in Leber, Milz oder Lymphknoten anreichern; MOAH stehen gar im Verdacht, Krebs auszulösen – und über den Pflegestift können beide über den Mund direkt in den Körper gelangen.

!

VERBRAUCHER-TIPP

Kosmetika aus der Apotheke sind im Durchschnitt hochpreisiger, aber leider nicht hochwertiger als Drogerieprodukte, was die Inhaltsstoffe betrifft. Informieren Sie sich immer ausführlich, wenn Sie ein Kosmetikprodukt in der Apotheke kaufen möchten, und vertrauen Sie keinesfalls einfach darauf, dass Sie Ihrer Haut oder der Umwelt damit automatisch etwas Gutes tun.

„AUSGEZEICHNETE" KOSMETIK – WAS STECKT DAHINTER?

Fast alle Kosmetikhersteller werben mit Attributen wie „bewiesene Wirksamkeit", „klinisch getestet", „von Dermatologen empfohlen", „sensitiv" oder „nicht komedogen", um dem Verbraucher wissenschaftlich belegte Sicherheit, Eignung für den eigenen Hauttyp und Qualität zu suggerieren. Leider sind solche Formulierungen aber meist mehr Schein als Sein ... Was sagen die werblichen Aussagen auf Kosmetikprodukten wirklich aus?

Der Slogan „Bewiesene Wirksamkeit" ist eigentlich keine Werbung, sondern eine Selbstverständlichkeit. Laut EU-Kosmetikverordnung müssen Wirkaussagen belegt werden: Werbung für Kosmetikprodukte darf keine Merkmale oder Funktionen vortäuschen, die Hersteller müssen schon Beweise für ihre Wirkaussagen liefern. Doch jetzt kommt das Aber: Zu diesem Zweck dürfen die Hersteller selbst Studien durchführen, und diese müssen auch nicht durch unabhängige Stellen überprüft werden! Häufig werden die Studien nicht einmal publiziert. Wie die Wirkversprechen zustande kommen, ist für uns Verbraucher deshalb kaum nachvollziehbar: Wurden die Studien beispielsweise auf echter Haut oder an Hautmodellen durchgeführt? Beruhen die Wirkaussagen auf Messungen oder nur auf der Selbsteinschätzung von Probanden? „Bewiesene Wirksamkeit" sagt also lediglich aus, dass das Produkt getestet wurde.

Vor allem Produkte, die als besonders gut verträglich ausgelobt werden, bekommen häufig auch noch den Zusatz „dermatologisch getestet". Klingt super, heißt aber nur, dass ein Dermatologe in die Prüfung des Produkts involviert war. Was genau dieser dabei macht und nach welcher Testprozedur das Produkt untersucht wird, bleibt dem Hersteller überlassen. Auch ob das Prüfergebnis positiv oder negativ ausfiel, muss nicht angegeben werden – die Aussage darf in beiden Fällen einfach aufgedruckt werden. Und für die Aussage „Von Dermatologen empfohlen" reicht es sogar aus, dass der Hersteller zwei Hautärzte gewinnt, die das Produkt empfehlen. Welche das sind,

Viele Aussagen auf Kosmetika klingen hochwissenschaftlich …

… doch über deren Qualität sagen sie kaum etwas aus.

erfährt der Verbraucher in der Regel nicht. Gerne wird auch mit der Empfehlung von Menschen mit Doktor- oder Professorentiteln geworben. Der Haken daran: Es muss sich dabei nicht um Mediziner handeln, es können auch z. B. Historiker oder Juristen sein! „Klinisch getestet" ist noch das aussagekräftigste unter den Qualität suggerierenden Labels: Hierfür muss das Produkt unter Aufsicht einer medizinischen Fachkraft oder in einer klinischen Einrichtung nach einem klinischen Protokoll getestet werden. Über den Verlauf muss ein Bericht mit dem Ziel der Studie und dem Testprotokoll erstellt werden.

Vor allem, aber nicht nur auf Kosmetika aus der Apotheke (s. S. 73) findet man häufig den Hinweis „sensitiv". Dieser soll aussagen, dass die Produkte speziell für empfindliche Haut entwickelt und besonders gut verträglich sind – doch „sensitiv" ist kein geschützter Begriff. In den Produkten können dennoch zahlreiche Inhaltsstoffe stecken, die problematisch sein können. Wir haben mehrere Sensitivprodukte von der Toxikologin Dr. Marike Kolossa vom Umweltbundesamt unter die Lupe nehmen lassen. Sie hat darin nicht nur Duftstoffe entdeckt, die Hautreizungen auslösen können, sondern auch Substanzen auf Mineralölbasis. Für empfindliche Haut seien die nicht gut geeignet, meint die Expertin. Auf Nachfrage teilten uns einige Hersteller solcher Produkte mit, die Einordnung als „sensitiv" solle dem Verbraucher nur als Orientierung dienen. Geht es hier also nur um Kundenfang?

Ähnlich verhält es sich mit der Aussage „nicht komedogen" (von lat. *comedo*, „Mitesser"): Es ist gesetzlich nicht geregelt, wann sich ein Produkt so nennen darf. Hinzu kommt, dass man je nach Hauttyp unterschiedlich auf verschiedene Inhaltstoffe und -kombinationen reagieren kann: Dass ein Produkt oder ein Inhaltsstoff generell „nicht komedogen" ist, also die Talgdrüsen der Haut nicht verstopft und so keine Pickel oder Mitesser verursacht, kann daher nicht seriös behauptet werden.

getestet und empfohlen

Deutscher Allergie- und Asthmabund e.V.

www.daab.de

frei von bekannten Kontaktallergenen und stark irritierenden Inhaltsstoffen

VERBRAUCHER-TIPP

! Bleiben Sie kritisch, hinterfragen Sie die Aussagen auf den Produkten und überlegen Sie genau, ob Ihnen ein Produkt das (häufig viele) Geld wert ist, das dafür verlangt wird.

! Um Ihre Gesundheit zu schützen, achten Sie vor allem auf die Inhaltsstoffliste der Kosmetika: Je kürzer die Liste, desto geringer ist auch das Risiko, dass problematische Stoffe enthalten sind. Um die Kontrolle zu erleichtern, gibt es einschlägige Apps wie Codecheck oder Toxfox, die anhand des abgescannten Barcodes die Inhaltsstoffe inklusive ihrer Gefahreneinordnung anzeigen.

! Besonders bei Sensitiv-Produkten ist Vorsicht geboten! Häufig unterscheidet sich das sensitive vom nicht-sensitiven Vergleichsprodukt kaum. Achten Sie hier also besonders genau auf die Inhaltsstoffe und seien Sie skeptisch bei Tiegeln: Durch das ständige Hineingreifen gelangen viele Bakterien hinein, die nur durch die Zugabe von Konservierungsstoffen in Schach gehalten werden können – und bestimmte Konservierungsstoffe wie etwa Parabene sollten bei sensibler Haut möglichst vermieden werden.

! Allergiker sollten auf das Logo des Deutschen Allergie- und Asthmabundes (DAAB) achten. Damit ausgezeichnete Kosmetikprodukte wurden von Personen getestet, die mit empfindlicher Haut zu kämpfen haben und besonders schnell allergisch reagieren.

3.

HAUSHALT & WOHNEN

VERKAUF VON ERBSTÜCKEN – ACHTUNG, ABZOCKE!

Pelz war einmal der Inbegriff von Luxus! Doch diese Zeiten sind vorbei. Unzählige Pelzmäntel, oft Erbstücke, hängen hierzulande ungenutzt in den Kleiderschränken. Und dann liest man in der Zeitung ein Inserat: „Jungdesigner kauft Ihren alten Pelz." „Sonderaktion: Wir zahlen Höchstpreise für Ihren alten Pelz!" Auch für Antiquitäten oder Porzellan findet man solche Angebote. Marktcheck hat einige davon überprüft. Überraschung: Meist ging es gar nicht um das genannte Objekt!

Für Marktcheck haben wir einige angebliche Pelzankäufer zu uns bestellt und diese Begegnungen mit versteckter Kamera gefilmt. Es passierte genau das, wovor auch die Polizei warnt: Unsere Pelze interessierten die Herren gar nicht – dafür aber etwas anderes: Ob man nicht noch alten Schmuck habe, den man gerne verkaufen würde, wollten sie wissen. Und dann wurde es richtig interessant, denn genau damit hatten wir gerechnet – und uns präpariert.

Wir hatten Schmuck in der Wohnung, der laut Expertenschätzung einen Ankaufswert von etwa 16.500 Euro hatte. Diesen zeigten wir den Händlern und ließen uns ein Angebot machen. Der erste Kandidat bot dafür zunächst 4.000 Euro. Nach heftigem Widerspruch unse-

(Vermeintliche) Antiquitäten, geerbtes Porzellan oder Pelze haben meist nur noch emotionalen Wert ...

... und Leute, die sie ankaufen wollen, haben es häufig auf etwas ganz Anderes abgesehen.

res Lockvogels war er schließlich bereit, sein Angebot auf 5.500 Euro zu erhöhen – aber nur inklusive der Pelze, wie er auf Nachfrage erklärte. Noch dreister war der zweite Besucher. Er stieg mit 3.000 Euro ein und erhöhte schließlich auf 4.500 Euro mit dem Argument, mehr habe er nicht dabei und er habe schließlich auch Frau und Kinder zuhause. Als wir ihn vor der Kamera mit unserer Expertise konfrontierten, ergriff er die Flucht.

VERBRAUCHER-TIPP

Die Polizei warnt davor, auf solche Angebote einzugehen und Verkaufsgespräche in der eigenen Wohnung zu führen, schon gar nicht alleine.

- **! Wenn Sie etwas verkaufen möchten, holen Sie sich für Termine mit den Interessenten Unterstützung von einer vertrauenswürdigen Person aus Ihrem Umfeld.**
- **! Wer Schmuck, Pelze oder andere, mitunter wertvolle Stücke zu verkaufen hat, sollte sich an autorisierte Fachgeschäfte wenden.**

TEPPICHREINIGER – NUR SCHMUTZIGE GESCHÄFTE?

Es gibt viele schwarze Schafe unter Teppichreinigern …

… aber selbstverständlich auch seriöse Anbieter, die gute Arbeit zu fairen Preisen anbieten.

Schon ewig ärgert man sich über die blöden Flecken im Teppich – und plötzlich bietet über einen Flyer in der Zeitung eine Teppichreinigung ihre Dienste an. Der Flyer sieht professionell aus, die Adresse des Anbieters ist in der Region und das Angebot klingt gut: Begutachtung und Abholung des Teppichs vor Ort. Doch nicht selten geht es hierbei um Betrug!

Für Marktcheck haben wir einen solchen Flyer-Anbieter angerufen, um mit versteckter Kamera zu zeigen, was passieren kann, wenn man sich die falschen Leute ins Haus holt. Drei Orientteppiche wurden dem Teppichreiniger präsentiert: ein handgeknüpfter Teppich aus Pakistan, bei dem sich nach Aussage unseres Teppichsachverständigen keine teure Wäsche und Reparatur mehr lohnte, sowie zwei einfache Maschinenteppiche aus Wolle, die eine Wäsche für wenige hundert Euro vertragen könnten. Was würde der Teppichreiniger dazu sagen? Der vermeintliche Fachmann begutachtete die Teppiche überraschend schnell und erklärte dann, der pakistanische Teppich wäre sehr selten und noch 7.000–8.000 Euro wert. Zusammen mit den beiden Wollteppichen könnte er die Reinigung zum Spezialpreis von 1.800 Euro anbieten.

Als unser Sachverständige ihn mit seinen Fehleinschätzungen und absolut überzogenen Preisvorstellungen konfrontierte, ergriff er die Flucht. Leider enden solche „Verkaufsgespräche" aber in der Regel anders: Da die meisten Verbraucher keine Teppichexperten sind, glauben sie den Betrügern und vertrauen ihnen ihre Teppiche an. Für die Reinigung verlangen diese häufig Vorkasse, oft mehrere tausend Euro. Wenn den Besitzern anschließend Zweifel kommen und sie vom Vertrag zurücktreten wollen, reagieren die unseriösen Anbieter oft nicht und weigern sich, die Teppiche wieder herauszurücken. Darum sollte man niemals per Vorkasse zahlen!

!

VERBRAUCHER-TIPP

Das Wichtigste vorab: Finger weg von derartigen Flyer-Angeboten. Wenn Sie doch an einen unseriösen Anbieter geraten sind:

! Nutzen Sie Ihr Widerrufsrecht! Bei Verträgen, die vor Ort beim Kunden und nicht in den Geschäftsräumen einer Firma abgeschlossen werden, gilt das 14-tägige Widerrufsrecht. Darüber muss der Anbieter informieren. Fehlt die Belehrung über den Widerruf, verlängert sich die Frist auf 12 Monate und 14 Tage nach Vertragsabschluss.

! Auch wenn auf dem Auftragsformular Adresse oder Steuernummer fehlen, kann der Vertrag angefochten werden.

! Bleiben Sie unbedingt hartnäckig und bestehen Sie auf Ihr Widerrufsrecht. Behalten die unseriösen Reiniger die Teppiche trotz rechtzeitigem Widerruf ein, handelt es sich um Unterschlagung und damit um einen Fall für die Polizei. Oder Sie wenden sich an eine Verbraucherzentrale, die mit solchen Händlern oft langjährige Erfahrung haben.

Es gibt aber glücklicherweise auch zahlreiche seriöse Anbieter für Teppichreinigungen!

! Hören Sie sich bei der Suche nach einem Anbieter in Ihrem Bekanntenkreis um und achten Sie auf das Logo des Deutschen Textilreinigungsverbandes (DTR). Auf der Internetseite des „Arbeitskreises Teppichwäscher", teppichwaescher.de, finden Sie zudem Anbieter in der Region. Wenn Sie einen gefunden haben, schauen Sie sich das Ladenlokal an und lassen Sie sich zeigen, wie gewaschen wird.

! Überlegen Sie sich vorher – abhängig vom Wert des Teppichs –, bis zu welcher Summe sich eine Reinigung lohnen würde, und überschlagen Sie die zu erwartenden Reinigungskosten: Eine klassische Handwäsche kostet pro Quadratmeter bei einem Wollteppich ca. 20–35€, bei einem Seidenteppich ca. 45–50€. Schutzbehandlungen wie Imprägnieren, Eulanisieren oder Appretieren können mit zusätzlich ca. 15–30€ pro Quadratmeter zu Buche schlagen.

ÖKO-WASCHPROGRAMME – NICHT IMMER SINNVOLL

Öko-Waschprogramme reduzieren den Stromverbrauch der Geräte erheblich …

… doch das geht auf Kosten der Waschtemperatur und kann daher hygienisch bedenklich werden.

Ein wichtiges Kaufkriterium bei Waschmaschinen ist die Energieeffizienzklasse, denn Umweltbewusstsein liegt im Trend. Diese hängt unter anderem vom durchschnittlichen Energie- und Wasserverbrauch ab. Das wissen auch die Hersteller. Um hier besonders gut abzuschneiden, helfen ihnen die Öko-Programme, die so gut wie jedes Gerät heute hat. Wie das zusammenhängt, hat sich Marktcheck einmal genauer angeschaut …

Sicher ist auch Ihnen schon einmal aufgefallen, dass die Öko-Programme eine längere Laufzeit haben als die normalen für die gleiche Waschtemperatur. Doch warum ist das so? Marktcheck hatte eine Vermutung und hat bei drei Familien aus dem Raum Böblingen ein Experiment gemacht: Wäscht das 60 °C-Öko-Programm tatsächlich bei 60 °C? Mithilfe eines Temperaturfühlers, den wir mit in die Trommel gegeben haben, konnten wir die Temperatur während des Waschvorgangs auslesen. Das Ergebnis hat die Waschmaschinenbesitzer ziemlich erstaunt: Bei keiner Waschmaschine erreichte die Waschtemperatur 60 °C! Bei einer Maschine wurden sogar lediglich 35 °C erreicht. Hygieneexperten meinen, eine sichere Wäschedesinfektion sei damit nicht möglich.

Doch das ist ganz legal. Für die Ökoprogramme schreibt der Gesetzgeber nämlich nur vor, dass eine bestimmte Waschwirkung erzielt werden muss. Und damit das beim Ökoprogramm gegeben ist, laufen die Maschinen mit niedrigerer Temperatur, dafür aber länger. Wie das

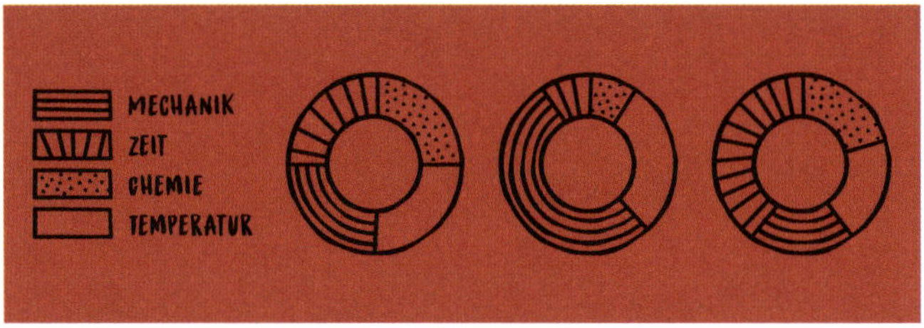

funktioniert, zeigt der Sinnersche Kreis, der benannt ist nach dem Tensidchemiker Herbert Sinner (1900–1988), einstiger Leiter der Abteilung für Waschmittel-Anwendungstechnik bei Henkel. Der Kreis stellt dar, wie die vier Faktoren, die für die Waschwirkung verantwortlich sind, voneinander abhängig sind: Wird einer der Faktoren verändert, kann das durch die anderen drei kompensiert werden. Eine Verringerung der Temperatur kann also z. B. durch eine Verlängerung der Zeit ausgeglichen werden.

Mit der Senkung der Temperatur erreichen die Hersteller eine effektive Reduzierung des Stromverbrauchs ihrer Maschinen: Laut Umweltbundesamt spart die Senkung von 40 °C Waschtemperatur auf 30 °C mehr als 35 % Strom ein – und das schlägt sich natürlich in der Energieeffizienzklasse nieder. Für weiße Ware – Waschmaschinen, Wäschetrockner, Kühlschränke – gelten übrigens seit 01.03.2021 neue Einteilungen der Klassen. Weil die meisten Produkte mittlerweile A+++ hatten, waren die Labels nicht mehr aussagekräftig. Deshalb greift man in der EU nun wieder auf die ursprünglichen Klassen A bis G zurück. A wird dabei am Anfang nicht vergeben, um die Möglichkeit für zukünftige Verbesserungen der Effizienz zu lassen. Außerdem wurden neue Piktogramme eingeführt, die zusätzliche Informationen bieten. Bei Waschmaschinen lässt sich damit z. B. die Dauer der Ökoprogramme ablesen.

!

VERBRAUCHER-TIPP

Waschen Sie auf keinen Fall im 60°C-Ökoprogramm, wenn in Ihrem Haushalt Pilzerkrankungen oder andere Infektionskrankheiten vorliegen: Wäscht man z.B. bei einer Fußpilzinfektion Socken damit, können die Pilze überleben und sich sogar weiterverbreiten. Das 60°C-Koch-/Buntwäscheprogramm ist hier die sichere Wahl.

DIE WASCHMASCHINE – DIE REINSTE KEIMSCHLEUDER?

Einige vermuteten es bereits, ein jüngerer Fall in einem deutschen Krankenhaus hat es bewiesen: Über die Waschmaschine können Keime verbreitet werden – unter Umständen sogar lebensbedrohliche Keime! Lassen wir unsere Wäsche also von einer Keimschleuder „waschen“?

Alarm in der Kinderabteilung eines deutschen Krankenhauses: Immer wieder wird ein gefährlicher multiresistenter Keim gefunden – ausgerechnet auf der Frühchen-Station! 17 Säuglinge sind innerhalb weniger Monate betroffen. Das Klinikum steht vor einem Rätsel: Woher kommt der bedrohliche Keim? Die Klinikleitung bittet das Institut für Hygiene und Öffentliche Gesundheit (IHPH) vom Universitätsklinikum Bonn um Unterstützung, welches alle möglichen Quellen untersucht und Proben im Personal- und Patientenbereich nimmt. Die Spur führt schließlich in den Keller – zu einer haushaltsüblichen Waschmaschine, in der die handgestrickten Söckchen und Mützen der Babys gewaschen werden. Der Keim kann im Waschmittelfach und am Türgummi nachgewiesen werden. „Dass die Waschmaschine tatsächlich die Quelle war, konnten wir dadurch beweisen, dass diese Serie von Besiedelung von Kleinkindern mit dem spezifischen Erreger vollständig unter Kontrolle gebracht wurde, nachdem die Waschmaschine entsorgt worden ist“, erklärt der Direktor des IHPH, Prof. Martin Exner.

Waschmaschinen sind ein Wohlfühlort für Bakterien und Keime …

… doch mit ein paar einfachen Maßnahmen halten Sie sie hygienisch sauber.

Welche Keime finden sich aber in den Waschmaschinen zuhause? Das wollten wir für Marktcheck herausfinden und haben von Mikrobiologen der Hochschule Rhein-Waal Proben von Waschmaschinen aus zufällig ausgewählten Haushalten auswerten lassen. Das Ergebnis war erschreckend: Die Experten fanden u.a. Fäkalkeime, Pilze und Hefen – teilweise mehr als 300 verschiedene Arten! „Die Waschmaschine ist ein guter Platz für Bakterien, denn sie ist feucht und gut temperiert. Die Bakterien fühlen sich da wohl", erklärt Prof. Dirk Bockmühl von der Hochschule Rhein-Waal.

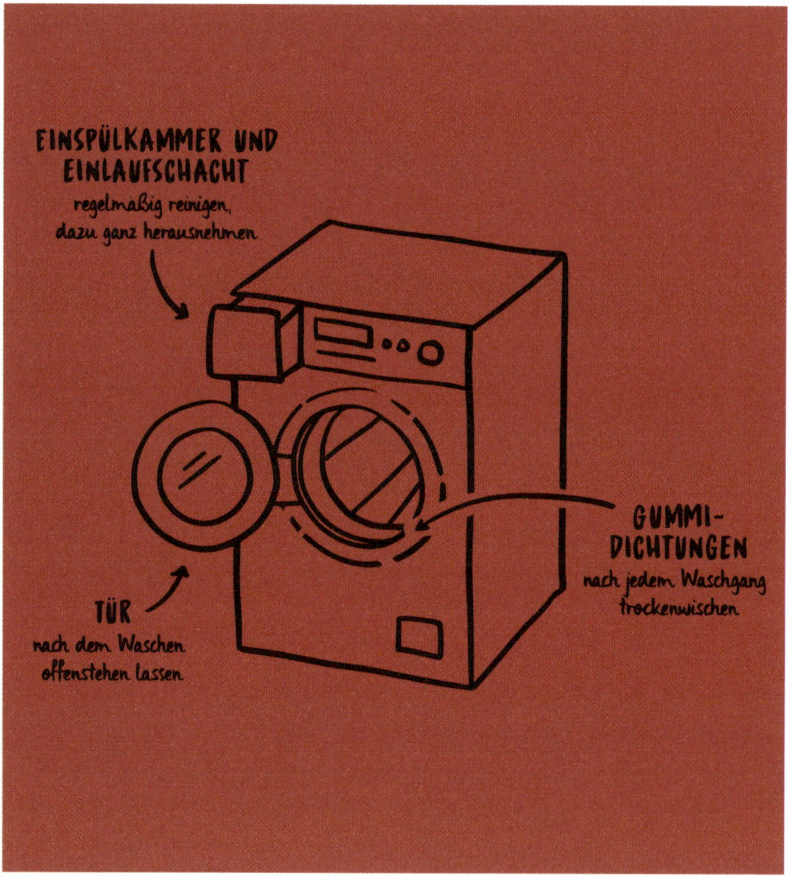

VERBRAUCHER-TIPP

Um einen Keimbefall Ihrer Maschine zuhause zu verhindern, gibt es zum Glück ein paar einfache Maßnahmen:

! Lassen Sie nach dem Waschen die Einspülkammer und die Tür bzw. den Deckel offenstehen.

! Wischen Sie die Dichtungen der Maschine nach jedem Waschgang aus: So bleiben Wasser und Feuchtigkeit nicht tagelang darin stehen und dem Keimwachstum wird der Boden entzogen.

! Reinigen Sie auch die Einspülkammer und den Einlaufschacht regelmäßig.

! Waschen Sie mindestens einmal pro Monat im Programm „Koch-/Buntwäsche" – auf keinen Fall im Öko-Programm (s. S. 85)! – auf 60 °C und verwenden Sie dabei ein bleichehaltiges Vollwaschmittel: Das reinigt die Waschmaschine. Wenn jemand in Ihrem Haushalt an einer Pilzinfektion oder einer Magen-Darm-Erkrankung leidet, sollte währenddessen nur auf diese Weise gewaschen werden.

WASCHMITTEL – WIE LANGE SIND SIE HALTBAR?

Ich weiß nicht, ob Ihnen das schon mal aufgefallen ist: Auf Waschmitteln befindet sich kein Mindesthaltbarkeitsdatum! Wir haben uns in der Redaktion daher gefragt: Wie lange kann und sollte man sie verwenden?

Wir haben Zuschauer gebeten, uns alte Waschmittel zur Verfügung zu stellen, um diese von der Textilprüfstelle der Hochschule Niederrhein analysieren zu lassen. Und wir staunten nicht schlecht: Unter den Einsendungen war sogar Persil aus dem Jahr 1959! Für unsere Untersuchung haben wir aber etwas jüngere Jahrgänge ausgewählt: drei Jahre altes Persil-Vollwaschmittel, fünf Jahre altes Spee Color sowie eine Packung Weißer Riese, die schon 14 Jahre auf dem Buckel hatte. In jeweils drei Waschgängen bei 40 °C sollten die Mittel genormten Testflecken zu Leibe rücken. Das Ergebnis: Bei zwei Produkten hatte die Waschkraft stark nachgelassen; Nur das jüngste Waschmittel, das drei Jahre alte Persil, erbrachte noch die gleiche Waschleistung wie das neu gekaufte Vergleichsprodukt.

Waschmittel haben kein Haltbarkeitsdatum …

… doch mit der Zeit kann ihre Waschleistung nachlassen.

VERBRAUCHER-TIPP

! Ob ein älteres Waschmittel „noch gut" ist, lässt sich an Konsistenz und Geruch erkennen: Wenn es sich problemlos dosieren lässt und wie gewohnt riecht, kann es noch gut verwendet werden. Allerdings sollte man ältere Mittel etwas höher dosieren, da die Leistung einiger Inhaltsstoffe mit der Zeit nachlassen kann.

! Bewahren Sie Waschmittel trocken und luftdicht verschlossen auf, um es möglichst lange verwenden zu können. Vor allem Pulver droht zu verklumpen, wenn es zu viel Feuchtigkeit ausgesetzt wird. Dann sollte es nicht mehr verwendet werden, da es sich dann nicht mehr richtig dosieren und auch nicht restlos einspülen lässt.

WASCHMITTEL-DOSIERUNG – VORSICHT, FALLEN!

Mal Hand aufs Herz: Wenn Sie waschen, wie genau halten Sie sich an die Dosierungsangaben auf der Waschmittelpackung? Wenn Sie da nicht ganz so akribisch sein sollten, dann hat das womöglich einen guten Grund, denn die Angaben haben so ihre Tücken. Viele Verbraucher dosieren deshalb nach Gefühl. Doch das schadet auf Dauer dem Geldbeutel, der Wäsche und der Umwelt.

Für ein gutes Waschergebnis und um die Umweltbelastung möglichst gering zu halten, ist die richtige Waschmittelmenge entscheidend. Bei einer Unterdosierung wird die Wäsche mangels ausreichender Inhaltsstoffe nicht richtig sauber. Bei ständiger Unterdosierung kann sie sogar mit der Zeit vergrauen. Bei einer Überdosierung kann es dagegen zu Rückständen in der Waschmaschine kommen, die nach einiger Zeit unangenehme Gerüche verursachen können; zudem gelangt eine größere Menge an Inhaltsstoffen in die Umwelt. Schaut man sich die Dosierempfehlungen der Hersteller genauer an, ist man schnell verwirrt. Jeder Hersteller gibt andere Empfehlungen, die sich auch noch je nach Produkt unterscheiden, und häufig findet man „krumme" Zahlen: Beim Ariel Kompaktwaschmittel etwa werden bei leicht verschmutzter Wäsche 42 ml empfohlen, bei mittlerer Verschmutzung 94 ml. Wie soll man das bitte abmessen?

SO DOSIEREN SIE RICHTIG	VERSCHMUTZUNGSGRAD		leicht	normal	stark
= 75 ml Dosierhilfe direkt zur Wäsche geben	WASSERHÄRTE	weich/mittel	75 ml	105 ml	135 ml
= 110 ml Verschlusskappe		hart/sehr hart	90 ml	120 ml	150 ml

Die richtige Waschmittelmenge ist entscheidend für umweltbewusstes, effizientes Waschen …

… doch manche Hersteller machen verwirrende Angaben und „verschenken" irritierende Dosierhilfen.

Die Hersteller verweisen auf ihre Dosierhilfen – diese sind zwar kostenlos, dafür muss man sich beim Hersteller registrieren und zahlreiche persönliche Daten preisgeben. Und die Dosierhilfen helfen auch längst nicht bei allen Mengenempfehlungen, weil die Skalen darauf häufig sehr rudimentär sind.

Bei Flüssigwaschmitteln fungiert meistens der Deckel als Dosierhilfe. Eine Skala für die richtige Menge sucht man da allerdings oft vergeblich, und das Fassungsvermögen der Verschlusskappe passt selten genau zu den Empfehlungen. Bei Perwoll etwa wird es mit 110 ml angegeben, dosieren soll man aber z. B. 75 ml bei leichter und 105 ml bei normaler Verschmutzung – 110 ml werden hingegen nie empfohlen. Die Deckel-Dosierhilfe hilft da nicht wirklich: Füllt man die Verschlusskappe bis zum Rand, verliert man pro Flasche Perwoll etwa eine ganze Waschladung. Überdosierung geht also auf Dauer auch noch richtig ins Geld!

!

VERBRAUCHER-TIPP

Moderne Waschmaschinen helfen beim richtigen Dosieren, weil sie mit einer Beladungserkennung ausgestattet sind: Diese zeigt je nach Füllstand der Trommel eine Dosierempfehlung an. Unabhängig davon, was für eine Maschine Sie haben, lohnt es sich, die Dosierempfehlungen der Waschmittel, die man häufig benutzt, trotz aller Hürden durch die Angaben einmal genau abzumessen und sich die Menge einzuprägen.

WASCHMITTEL-PODS, -CAPS & CO. – NUR HIP ODER WIRKLICH INNOVATIV?

Sie sind die neueste Erfindung aus der Waschmittellaborküche: Kapselwaschmittel – oder, hipper gesagt, Pods, Caps und Discs. Das klingt nicht nur modern, die Produkte sollen auch echte Vorteile bieten durch leistungsstarke Inhaltsstoffe und eine super leichte Handhabung. Das behauptet jedenfalls die Waschmittelindustrie – und verlangt dementsprechend stolze Preise dafür. Doch Markenexperten halten die Kapseln vor allem für einen cleveren Marketing-Trick, und auch im Labor zeigt sich ein weniger positives Bild …

Prof. Lutz Vossebein von der Öffentlichen Prüfstelle für das Textilwesen der Hochschule Niederrhein in Mönchengladbach hat Kapselwaschmittel verschiedener Hersteller einem Waschtest unterzogen mit Hilfe sogenannter Testmonitore, also vieler künstlich erzeugter Flecken – von Kaffee über Johannisbeersaft bis Lippenstift. Im Vergleich mit Vollwaschmittel-Pulver und Flüssiggel der gleichen Marke sollten die Kapseln zeigen, was in ihnen steckt. Das Ergebnis: Am besten rückte das Pulver den Flecken zu Leibe. Die Kapseln dagegen konnten den Experten nicht überzeugen. Nach seiner Meinung sind das einfach Flüssigwaschmittel in einer Plastikhülle.

Laut den Herstellern bestehen diese Plastikhüllen aus Polyvinylalkohol und sind damit biologisch abbaubar bzw. zerfallen auf natürliche Weise. Das Problem für die Umwelt liegt woanders: Die Kapseln sind nicht dosierbar und viele Flüssigwaschmittel sind schwer abbaubar (s. S. 96).

Pods, Caps und Discs erleichtern den Waschalltag, weil sie super einfach zu dosieren sind …

… doch ihre Waschkraft überzeugt Experten nicht und sie sind ökologisch bedenklich.

VERBRAUCHER-TIPP

Für Verbraucher ist die „neue Art des Waschens" zwar einfach in der Handhabung, aber darüber hinaus halten sich die Vorteile in Grenzen.

! Verwenden Sie vor allem bei nur leicht verschmutzter Wäsche lieber Waschmittel, das Sie selbst dosieren können.

! Wenn Sie ökologisch auf der sicheren Seite sein wollen, bleibt Ihnen leider nur, online das Datenblatt einzusehen oder sich über einschlägige Apps wie Codecheck oder Toxfox darüber zu informieren, ob das Produkt problematische Inhaltsstoffe aufweist.

PULVER- ODER FLÜSSIGWASCHMITTEL – WAS WÄSCHT BESSER?

In einem Vier-Personen-Haushalt läuft die Waschmaschine fast jeden Tag, stolze 32 kg Waschmittel pro Jahr werden hier durchschnittlich verbraucht. Ist eigentlich Pulver- oder Flüssigwaschmittel besser – für die Waschleistung, für die Gesundheit und nicht zuletzt für die Umwelt?

Pulverwaschmittel enthält Bleichmittel und entfernt deshalb z. B. Obst- und Gemüseflecken besser. Dadurch hat es außerdem bei höheren Waschtemperaturen (ab 40 °C) eine bessere hygienische Wirkung als Flüssigwaschmittel. Bei Kleidung in dunkleren Farben kann Pulverwaschmittel allerdings weiße Spuren hinterlassen. Grund dafür sind Zeolithe, die ihm zur Wasserenthärtung zugefügt sind und die in der Maschine nicht immer vollständig ausgewaschen werden.

Flüssigwaschmittel enthält kein Bleichmittel, dafür mehr Tenside als Pulverwaschmittel, darum löst es Fettflecken in der Regel besser als Pulverwaschmittel. Im Gegensatz zum Pulver müssen flüssige Waschmittel zudem konserviert werden. Dafür setzen die Hersteller häufig sogenannte Isothiazolinone ein, welche Allergien auslösen können. In der Regel werden diese Stoffe beim Waschen ausgespült. Doch auch schon relativ geringe Mengen können Reaktionen auslösen. Wer sensibel ist, sollte also besser auf solche Waschmittel verzichten.

Und dann gibt es noch einen ökologischen Aspekt: Flüssigwaschmittel enthalten u. a. synthetische Polymere (flüssige Kunststoffe), die problematisch für

Jedes Waschmittel hat Vorteile und löst die eine oder andere Fleckenart besser …

… aber Flüssigwaschmittel enthält in der Regel mehr problematische Stoffe.

das Grundwasser werden können. Die Hersteller testen die Abbaubarkeit der Inhaltsstoffe zwar, aber eben unter Laborbedingungen über viele Tage hinweg. Die meisten Kläranlagen sind derzeit aber noch nicht dafür ausgerüstet, um die Polymere vollständig abzubauen, sodass Überreste ins Grundwasser gelangen können. Ab 2022 soll der Einsatz von Mikroplastik – wozu diese Inhaltsstoffe zählen – in verschiedenen Produkten in der EU übrigens weiter beschränkt werden. Bis dahin gilt: Ob in einem Flüssigwaschmittel Mikroplastik steckt oder nicht, lässt sich anhand der Verpackung kaum erkennen, denn anders als bei Kosmetika oder Lebensmitteln sind die Hersteller nicht verpflichtet, alle Inhaltsstoffe direkt auf dem Produkt auszuweisen.

VERBRAUCHER-TIPP

Ob Pulver- oder Flüssigwaschmittel besser ist, hängt also vor allem von der Art der Verschmutzung ab. Achten Sie generell beim Waschen auf folgende Punkte:

- **! Für farbige Kleidung verwenden Sie am besten Colorwaschmittel, denn das enthält keine Bleichmittel und keine optischen Aufheller: So bleiben die Farben besser erhalten.**
- **! Wenn Sie wissen möchten, ob Ihr Flüssigwaschmittel Mikroplastik enthält, laden Sie sich online das Datenblatt herunter oder prüfen Sie es mit einer einschlägigen App wie Codecheck oder Toxfox.**

XXL-WASCHMITTELPACKUNGEN – ECHTE SCHNÄPPCHEN?

„130 Wäschen – nur für kurze Zeit!" Der Effekt, den dieser auf XXL-Waschmittelpackungen weit verbreitete Aufdruck erreichen möchte, ist klar: Hier gibt's mehr fürs Geld, schlagen Sie zu, und zwar sofort! Doch ein Versuch, den wir im SWR gezeigt haben, offenbarte: Das lohnt sich meist gar nicht!

Man bekommt mehr Inhalt, das ist offensichtlich. Jedoch wird dieser oft durch Füllstoffe wie Natriumsulfat oder Tonminerale gestreckt. Diese Stoffe haben mit der Waschkraft nichts zu tun, weshalb das Vorgehen von Verbraucherschützern für eine Verbrauchertäuschung gehalten wird. Die Hersteller halten dagegen, dass die Stoffe notwendig seien, z. B. Natriumsulfat für die Rieselfähigkeit des Waschpulvers.

XXL-Packungen bringen also zwar in der Regel mehr Inhalt, nicht aber mehr Waschladungen (WL): Denn rechnet man den Preis auf die Waschladungen um, kann man mit den kleinen Packungen sogar günstiger fahren als mit den vermeintlichen XXL-Schnäppchen. Durch das Strecken des Inhalts wird eben auch mehr Pulver pro Wäsche benötigt.

Hinzu kommt, dass die Füllstoffe häufig problematisch für die Umwelt sind. Natriumsulfat etwa kann in Klärwerken nur schwer abgebaut werden und darum zu einer steigenden Salzkonzentration im Grundwasser führen, bis hin zur Überlastung von Gewässern. Wie viel Füllstoffe in ihren Mitteln enthalten sind, wollten die Hersteller auf Nachfrage nicht preisgeben.

VERBRAUCHER-TIPP

Lassen Sie sich nicht von den großen Verpackungen täuschen. Vergleichen Sie beim Kauf stets den Preis pro Waschladung (WL). Die Zahl der WL ist auf der Verpackung angegeben.

WEICHSPÜLER – WEICHE WÄSCHE MIT EKELFAKTOR

Sie werben mit klingenden Namen und dem Versprechen angenehmer Düfte und von Frische aus der Natur: Viele Verbraucher nutzen regelmäßig Weichspüler, weil ihre Wäsche damit besser riecht und sich weicher anfühlt. Den meisten ist allerdings nicht klar, was tatsächlich in der Flüssigkeit steckt und dafür sorgt, dass die Wäsche so schön weich wird …

Während des Trocknungsprozesses können die Fasern der Wäsche verkleben. Die Folge: Die Wäsche wird hart. Weichspüler verhindern das mit sogenannten kationischen Tensiden, welche sich als Schicht über die Fasern legen. Das Ausgangsprodukt für diese Tenside ist äußerst günstig – und wird Sie überraschen: Es handelt sich nämlich meistens um Fett aus Schlachtabfällen. Die Hersteller betonen, dass keine Schlachtabfälle enthalten seien. Laut ihrer Aus-

Weichspüler machen die Wäsche weicher und lassen sie angenehm duften …

… doch ihre Inhaltsstoffe sind in vielerlei Hinsicht problematisch.

sage handele es sich um „gereinigte tierische Fette", und deren Nutzung diene der Schonung von Ressourcen. Und wenn Weichspüler mit veganen Formeln werben, steckt statt tierischer Fette meist das umstrittene Palmöl drin (s. S. 37).

Der Talg im Weichspüler kann zudem noch ganz andere Folgen haben. Wie ein Experiment von Marktcheck zeigt, nehmen Handtücher, die mit Weichspüler gewaschen wurden, je nach Produkt viel weniger Feuchtigkeit auf als Handtücher, die ohne gewaschen wurden. Zu einem ähnlichen Ergebnis kommt auch ein Test von Stiftung Warentest. Und in Waschmaschinen von Verbrauchern, die häufig Weichspüler verwenden, kann sich ein sogenannter Biofilm an der Waschtrommel, an den Wänden der Maschine und in den Rohren bilden. Diese Schleimschicht ist ein idealer Nährboden für Bakterien und Keime, was wiederum zu unangenehmen Gerüchen in der Maschine und auf der frisch gewaschenen Wäsche führen kann. Es wird also genau das Gegenteil von dem bewirkt, was der Weichspüler unter anderem erreichen soll: einen angenehmen Geruch!

Außer den kationischen Tensiden enthalten Weichspüler mitunter Duftstoffe und Konservierungsstoffe wie Isothiazolinone, die Allergien auslösen können. Dass Verbraucher solche Stoffe auf der Haut tragen, sehen einige Allergologen und Toxikologen kritisch. Auch der Hinweis „Dermatologisch getestet" bedeutet übrigens nicht, dass das jeweilige Produkt dermatologisch unbedenklich ist (s. S. 75).
Auch unter ökologischen Gesichtspunkten sind die Produkte kritisch zu sehen: Zwar müssen gemäß einer EU-Verordnung von 2004 Tenside in Wasch- und Reinigungsmitteln vollständig biologisch abbaubar sein. Vollständig heißt in dem Fall, zu mindestens 60 % innerhalb von 28 Tagen – gemessen unter Laborbedingungen. Für Duftstoffe gibt es bislang keine gesetzlichen Vorgaben.

VERBRAUCHER-TIPP

Sie können sich bezüglich der Inhaltsstoffe von Weichspülern nicht sicher sein, weil diese nicht alle auf der Verpackung angegeben werden müssen. Im Interesse der Maschinenhygiene (s. S. 87), der eigenen Gesundheit und der Umwelt empfiehlt es sich jedoch, auf künstlich weich gemachte Wäsche zu verzichten.

HYGIENESPÜLER – FLÜSSIG UND ÜBERFLÜSSIG

Die Werbesprüche für Hygienespüler klingen vertrauenserweckend: 99,9% der Bakterien, spezielle Viren und Pilze versprechen die Produkte zu entfernen. Und das schon bei Waschtemperaturen ab 20°C! Das zieht offenbar. Bei einer Umfrage von Marktcheck erklärten mehrere Passanten, sie würden regelmäßig Hygienespüler verwenden, insbesondere bei Kleidungsstücken, die nur bei geringen Temperaturen gewaschen werden können, oder für Unterwäsche und Handtücher.

Und die Werbeversprechen stimmen tatsächlich. Trotzdem könne man sich Hygienespüler sparen, meint Prof. Lutz Vossebein von der Öffentlichen Prüfstelle für das Textilwesen der Hochschule Niederrhein. Denn auch wenn Hygienespüler 99,9 % der Bakterien, speziellen Viren und Pilze vernichten, so blieben doch immer noch ausreichend viele davon übrig, um Infektionskrankheiten hervorrufen zu können.

Hygieneexperte Prof. Markus Egert von der Hochschule Furtwangen sieht Hygienespüler ebenfalls kritisch, weil sie oft Duftstoffe, Farbstoffe und Biozide enthalten: Manche dieser Inhaltsstoffe können Allergien auslösen, und wenn Hygienespüler sehr häufig benutzt werden, könnten sich in den Waschmaschinen resistente Keime bilden. Denn die enthaltenen Biozide sind nicht nur für die Umwelt schädlich, sondern sie stehen auch im Verdacht, an der Entstehung von Antibiotikaresistenzen beteiligt zu sein (der Industrieverband Körperpflege sieht für Letzteres allerdings keinen wissenschaftlichen Beleg).

Hygienespüler töten tatsächlich wie beworben zahllose Bakterien ab …

… doch auch sie sorgen nicht für 100-prozentige Keimfreiheit und ihre Auswirkungen auf die Umwelt sind bedenklich.

VERBRAUCHER-TIPP

! Hygienespüler sind für normal verschmutzte Wäsche überflüssig: Wäscht man diese mit dem 60°C-Koch-/Buntwäsche-Programm und einem Pulvervollwaschmittel (s. S. 96), werden bereits alle Pilze, Bakterien und Viren zuverlässig abgetötet.

! **Setzen Sie Hygienespüler nur im Ausnahmefall ein,** z. B. bei Pilzerkrankungen oder anderen hochansteckenden Infektionskrankheiten, und auch dann nur für Wäsche, die nur bei 30°C gewaschen werden darf: Bei diesen niedrigen Temperaturen sind die Bleichmittel in Pulvervollwaschmitteln noch nicht aktiv genug, um Bakterien abzutöten.

GESUNDHEITSRISIKEN DURCH PUTZMITTEL – GRÖSSER ALS GEDACHT?

Eine Studie aus Norwegen zeigt: Zu viel Putzen kann krank machen! Die Ursache dafür liegt in den vielen chemischen Substanzen, die gängigen Reinigungsmittel enthalten. Manche sollen deshalb nur mit Handschuhen verwendet werden, denn sie können die Haut und die Lunge angreifen.

Viele Verbraucher haben schon am eigenen Leib erfahren, dass manche Putzmittel die Lunge irritieren, vor allem solche zum Sprühen: Die Tröpfchen, die auch noch stundenlang nach dem Putzen in der Luft, sind so klein, dass wir sie einatmen können. So gelangen sie auf die Schleimhaut und in die Bronchien und führen dort unter Umständen zu dauerhaften Schäden. Laut der norwegischen Studie kann häufiges Putzen sogar zu einer deutlichen Beeinträchtigung der Lungenfunktion führen. Und auch das Risiko für Asthma steigt.

Viele Inhaltsstoffe von Reinigungsmitteln sind zudem bei direktem Hautkontakt bereits in geringen Mengen schädlich, denn sie greifen die Säureschutzschicht der Haut an.

Das Umweltbundesamt rät darum generell ab von chlorhaltigen Sanitärreinigern, WC-Reinigern mit Salzsäure oder Salpetersäure sowie chemischen Abflussreinigern. Außerdem sollten möglichst Reiniger ohne Duft- und Konservierungsmittel verwendet werden, und Desinfektionsmittel nur in Ausnahmefällen.

Reinigungsmittel können bei unvorsichtigem Gebrauch krank machen …

… doch es gibt einige Maßnahmen, mit denen man sich schützen kann.

VERBRAUCHER-TIPP

Grundsätzlich gilt beim Putzen: Weniger ist mehr (s. S. 106). Außerdem sollten Sie beim Putzen

- ! niemals mehrere Reiniger miteinander kombinieren: Das kann gefährliche chemische Reaktionen auslösen. WC- und Desinfektionsreiniger mit Chlor etwa können in Kombination mit einem säurehaltigen Reiniger Chlorgas bilden, welches die Lunge dauerhaft schädigen kann. Eine solche Reaktion kann auch erfolgen, wenn die Mittel zwar nicht gleichzeitig, aber kurz nacheinander verwendet werden;
- ! im Umgang mit Konzentraten vorsichtig sein und das auf der Packung angegebene Mischverhältnis mit Wasser unbedingt beachten! Verdünnen Sie Konzentrate zudem besser mit kaltem als mit warmem Wasser: Durch warmes Wasser können mehr gesundheitsgefährdende Dämpfe entstehen;
- ! möglichst Gummihandschuhe tragen, um die Haut zu schützen. Tragen Sie bei ätzenden Reinigungsmitteln zusätzlich einen Mundschutz;
- ! Reiniger in Sprühflaschen vermeiden: Solche Reiniger lassen sich zwar einfacher auftragen, durch die feinen Tröpfchen werden sie aber auch weitläufiger verteilt und gelangen leichter auf die Haut oder in die Atemwege;
- ! ordentlich lüften, sowohl währenddessen als auch danach.

„BIO"-REINIGUNGSMITTEL – KEINE GESCHÜTZTE BEZEICHNUNG

Immer mehr Reinigungsmittel werben damit, „öko" oder „bio" zu sein. Viele haben sogar Siegel. Verbraucher glauben deshalb, sie seien umweltschonender. In der Regel sind diese Produkte auch teurer als herkömmliche Reinigungsmittel. Doch bei manchen sind die Inhaltsstoffe längst nicht so gut für die Umwelt, wie die Werbung vermuten lässt.

Die EU-Ökoverordnung gilt nur für Lebensmittel, für Wasch- und Reinigungsmittel sind Begriffe wie „Öko" oder „Bio" nicht gesetzlich definiert. Derart deklarierte Reinigungsmittel können deshalb auch umstrittene oder bedenkliche Inhaltsstoffe enthalten. Schaut man sich z. B. verschiedene „Bio"-Allzweckreiniger an, stellt man fest, dass auch sie hauptsächlich Tenside enthalten, häufig aus dem problematischen Rohstoff Palmöl (s. S. 37) gewonnen. Auch in Mitteln mit Zuckertensiden kann Palmöl stecken. Aber einige Produkte sind doch sogar mit Siegeln für Nachhaltigkeit ausgezeichnet?! Das stimmt – aber auch bei diesen Siegeln gibt es Unterschiede. Das A.I.S.E.-Siegel etwa stammt von der „Initiative Nachhaltiges Waschen und Reinigen", einem freiwilligen Zusammenschluss von Herstellern von Wasch- und Reinigungsmitteln. Laut der Initiative erfüllen Produkte, die das Siegel tragen, hohe Standards für Umweltsicherheit, minimieren Abfall und liefern transparente Informationen über die nachhaltigere Verwendung. Auf den Inhaltsstofflisten entsprechend ausge-

Bio-Reinigungsmittel klingen vielversprechend nachhaltig und umweltbewusst …

… doch was genau „bio" ist, kann in diesem Fall jeder Hersteller selbst festlegen.

zeichneter Produkte kann man jedoch trotzdem problematische Stoffe wie Phosphate, Phosphonate oder Benzotriazol (s. S. 118) finden.

Die gute Nachricht: Es gibt Siegel, die strengere Anforderungen stellen. Das EU-Ecolabel und den Blauen Engel bekommen nur Reinigungs- und Waschmittel, die kein Mikroplastik enthalten und keine oder nur wenige Konservierungs- und Duftstoffe enthalten. Und das Siegel ECOCERT stellt u. a. Anforderungen an die Inhaltstoffe im Produkt sowie deren Abbaubarkeit, um Gefahren für Gewässer zu vermeiden. Seine Erweiterung „mit Biorohstoffen" setzt voraus, dass mind. 95 % natürliche Inhaltsstoffe drinstecken und dass mind. 10 % der Inhaltsstoffe aus biologischem Anbau stammen.

VERBRAUCHER-TIPP

! Was genau ein Hersteller von Wasch- und Reinigungsmitteln unter „Bio" versteht, muss jeweils nachgelesen werden. Informieren Sie sich gut.

! Achten Sie wie immer auf die Inhaltsstoffe und auf vertrauenswürdige Siegel.

! Auch bei ausgezeichneten Bio-Reinigungsmitteln gilt: Eine umsichtige Dosierung und ein gezielter, moderater Einsatz sind der beste Schutz für Umwelt und Gesundheit. Denn selbst natürliche Rohstoffe können gefährlich werden: Limonen-Duftstoff etwa, ein Bestandteil von Orangenöl, der einigen Allzweckreinigern zugesetzt ist, kann nicht nur Allergien auslösen, sondern ist zudem nur schwer abbaubar und kann sich im Fettgebewebe von Fischen anreichern.

DER KÜHLSCHRANK – EIN HORT FÜR KEIME

Unzählige Male pro Tag öffnen wir den Kühlschrank, legen etwas hinein, holen etwas heraus – und genau das ist das Problem. Denn dadurch gelangen gefährliche Keime hinein. Marktcheck hat genauer hingeschaut und herausgefunden, dass sich im Kühlschrank im Durchschnitt mehr Keime tummeln als auf einer Toilette!

Wir haben aus Kühlschränken in vielen verschiedenen Haushalten sowie bei uns in der Redaktion Proben genommen. Das Ergebnis: Alle möglichen Keime waren nachweisbar – erwartungsgemäß Haut- und Umweltkeime, aber auch Schimmelpilze, Darmkeime, Feuchtigkeitskeime und sogar ein sogenannter Krankenhauskeim! Ein Versuch mit einem neuen, bislang unbenutzten Kühlschrank zeigte etwas fast noch Erschreckenderes: Die Keime vermehren sich rasend schnell! Wir füllten den Kühlschrank mit verschiedenen Lebensmitteln und nahmen nach 5 Tagen Abklatschproben. Und siehe da: Auf diesen fanden sich Darmkeime!

Den Mikrobiologen Prof. Markus Egert von der Hochschule Furtwangen erstaunt das Untersuchungsergebnis nicht: „Diese Keime erwartet man eher in der Toilette, und dort sind sie auch, aber nur etwa 10 bis 100 Keime pro cm^2 Klobrille. Im Kühlschrank können es hingegen hunderte Mio. pro cm^2 werden! Das heißt in der Konsequenz: Eine Karotte, die gerade noch offen im Kühlschrank lag, einfach herauszunehmen und zu essen, ist nicht zu empfehlen."

Im Kühlschrank tummeln sich mehr Keime als auf der Klobrille …

… doch sie sind mit regelmäßiger, einfacher Reinigung gut in Schach zu halten.

Hinein gelangen alle Arten von Keimen vor allem mit den Produkten, die wir in den Kühlschrank legen. Prof. Egert erklärt: „Auf Pflanzen befinden sich sehr viele verschiedene Mikroorganismen, entweder aus dem Boden oder von der Pflanze selbst. Diese sind erst einmal nicht gefährlich für den Menschen. Doch gerade über tierische Lebensmittel können krankmachende Keime in den Kühlschrank gelangen, etwa Salmonellen, Escherichia oder Listerien.“ Letztere finden sich übrigens besonders häufig im Gemüsefach.

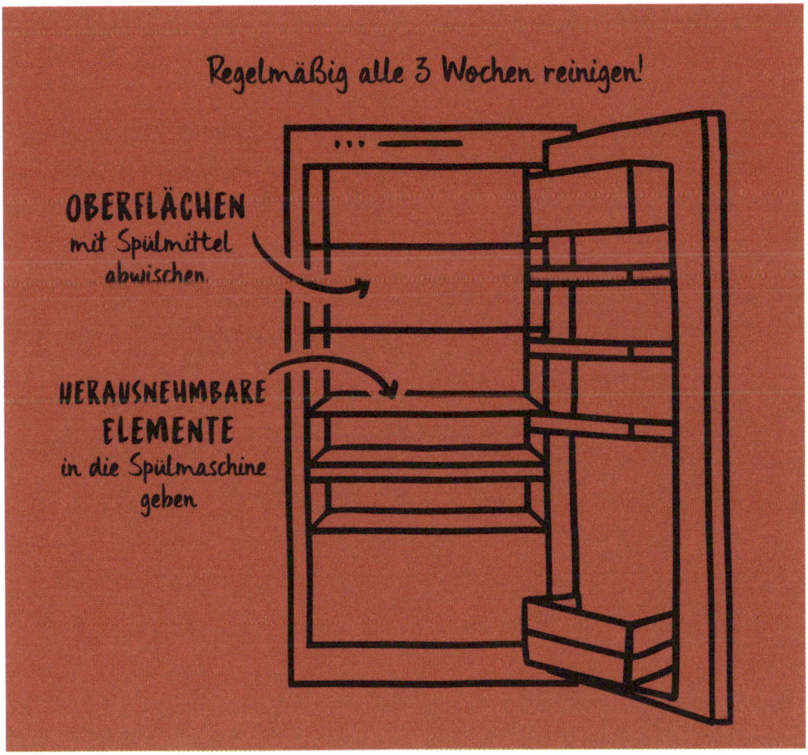

!

VERBRAUCHER-TIPP

Auch wenn uns die Keime im Kühlschrank in der Regel nicht gleich krank machen, so können sie doch dafür sorgen, dass Gemüse oder Fleisch – vor allem wenn es unverpackt im Kühlschrank liegt – schneller verdirbt. **Reinigen Sie Ihren Kühlschrank darum regelmäßig, am besten alle drei Wochen.**

! Auf Desinfektionsmittel oder spezielle Kühlschrankreiniger können Sie dabei aber getrost verzichten: Etwas Spülmittel und ein Reinigungstuch reichen aus, um die Oberflächen sauber zu halten, so Prof. Egert.

! Wichtig: Reinigen Sie sorgfältig alle Ecken und Winkel. Bakterien und Pilze sammeln sich nämlich besonders in den Dichtungen und Lamellen an, weil es dort feucht ist.

! Geben Sie die herausnehmbaren Elemente am besten in die Spülmaschine, um sie hygienisch sauber zu bekommen.

DER STABMIXER – MIT GEHEIMVERSTECK FÜR EKLIGES

„Wie kommen Sie auf die Themen für Marktcheck?“, werden wir oft gefragt. Und manchmal ist die Antwort ganz einfach: durch Sie, unsere werten Zuschauer! Bei diesem Thema hier war es so: Zwei Zuschauer aus Rheinland-Pfalz hatten uns geschrieben, aus ihrem Stabmixer würde eine bräunliche Flüssigkeit laufen, ob wir uns das mal anschauen wollten? Wir wollten. Und wir haben unsere anderen Zuschauer aufgefordert, uns ebenfalls ihre gebrauchten Stabmixer zuzuschicken. 14 Stabmixer haben uns daraufhin erreicht, alles unterschiedliche Modelle und alle unterschiedlich alt. Und daraus ist eine ziemlich große Geschichte geworden!

Zunächst lassen wir die Geräte vom Haushaltstechnikexperten Dr. Gereon Broil von der Universität Bonn unter die Lupe nehmen. Schon beim Mixtest mit klarem Wasser fällt auf: Bei einigen Mixern verfärbt sich das Wasser bräunlich oder weiß. Im Wasser sind sogar kleine Partikel erkennbar.

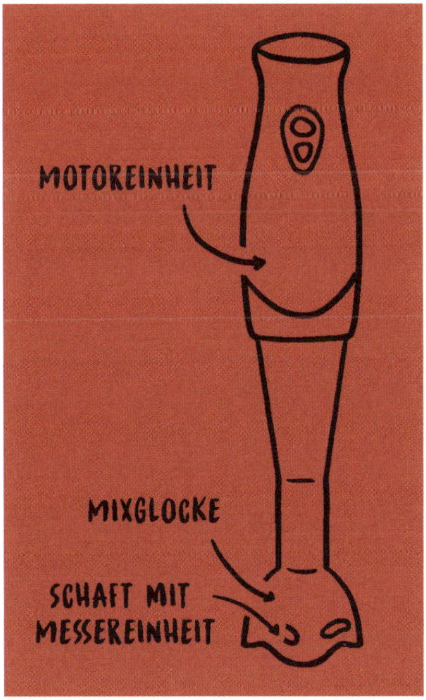

Um herauszufinden, was die Verunreinigungen verursacht, öffnet Dr. Broil jeweils den Hohlraum des Schaftes mit einem kleinen Trennschleifer. Und was er da zu sehen bekommt, ist wenig appetitlich: In sechs der 14 Stabmixer findet Dr. Broil Verunreinigungen. Oft kommen dunkle, klebrige Verfärbungen, Flüssigkeiten und andere Partikel zum Vor-

Bei Stabmixern sammeln sich Verunreinigungen im Hohlraum des Schaftes an …

… und dort können sie nicht mehr entfernt werden.

schein, die hier eingedrungen sind. Aus einem Gerät tropft es sogar schon beim Aufsägen: Dieser Hohlraum ist fast komplett gefüllt mit einer braunen Masse!

Wie gefährlich sind diese Verunreinigungen, und können sie beim Mixen in unser Essen gelangen? Wir entnehmen Proben der Verunreinigungen und des gemixten Wassers und senden alles ins Labor, wo sie vom Mikrobiologen Prof. Dirk Bockmühl von der Hochschule Rhein-Waal untersucht werden. Das Ergebnis überrascht selbst den Experten: Pro ml stellten er und sein Team teilweise bis zu 100 Mio. Bakterien oder Mikroorganismen fest! Eine so hohe Gesamtkeimzahl hätten die Experten bei Untersuchungen von Haushaltsgegenständen, die mit Lebensmitteln in Kontakt sind, noch nie gefunden. Die Keimzahlen der Mixerverunreinigungen seien auch weit über dem, was beim Kontakt mit Lebensmitteln noch tolerierbar sei, meint der Experte. Und auch die Art der Keime hat es in sich: Insbesondere Fäkalkeime wurden gefunden. Diese können Magen-Darm-Infekte auslösen. Außerdem fand man Hefe- und Schimmelpilze, die krebserregende Schimmelpilzgifte produzieren können.

Dass diese Keime vom Stabmixer auch in unser Essen gelangen können, zeigt die Analyse des gemixten Wassers: Dort war die Keimzahl ähnlich hoch. Lebensmittel bieten zudem einen guten Nährboden für die Bakterien – insbesondere wenn sie dann noch mehrere Tage stehen gelassen werden, steige laut Prof. Bockmühl mit großer Wahrscheinlichkeit die Keimzahl so stark an, dass ein enormes Infektionsrisiko bestehe.

Und wie kann es zu diesen Verunreinigungen kommen? Das wollen wir von den Herstellern wissen. Die BSH Hausgeräte GmbH erklärt uns, man nehme an, dass die Dichtung der Mixglocke aufgrund der überschrittenen Materiallebensdauer nicht mehr richtig funktioniert habe. Man gehe im Allgemeinen bei Stabmixern der BSH Hausgeräte GmbH von einer Lebensdauer von 10 Jahren aus. Und De'Longhi Deutschland, zuständig für die Braun Geräte, vermutet uns gegenüber, dass es sich um Verunreinigungen des Schafts aufgrund mangelhafter Wartung und Reinigung handele.

VERBRAUCHER-TIPP

! **Wenn Sie einen neuen Stabmixer kaufen, wählen Sie ein Modell, bei dem man den Schaft von der Motoreinheit abnehmen kann: Bei einteiligen Geräten hat man keine Möglichkeit, an das Innere zu kommen.**

! **Halten Sie nach der Benutzung den Schaft in ein Gefäß mit klarem Wasser und mixen Sie dieses mehrfach kurz durch.**

! **Entfernen Sie starke Verschmutzungen am besten mit einer Bürste und lassen Sie das Teil anschließend kopfüber trocknen.**

ALUFOLIE & CO. – SICHERE AUFBEWAHRUNG FÜR LEBENSMITTEL?

Aluminium ist super praktisch, deshalb nutzen wir es im Haushalt in Form von Folie, Grillschalen oder Geschirr. Und auch die Industrie setzt es häufig ein, etwa für Lebensmittelverpackungen. Die Vorteile: Alufolie schließt nahezu luftdicht ab, Aluminium an sich ist hitze- und kältebeständig. Die Nachteile: Unter bestimmten Voraussetzungen kann sich das Alu aus der Folie oder der Verpackung lösen und auf die Lebensmittel übergehen. Und das kann gefährliche Folgen haben!

Alu gilt in größeren Mengen als gesundheitsschädlich. Es kann die Nerven schädigen, zu Nierenerkrankungen führen und die Knochenentwicklung beeinträchtigen. Deshalb gilt: Je weniger Aluminium man zu sich nimmt, desto besser! Die Europäische Behörde für Lebensmittelsicherheit (EFSA) empfiehlt eine maximale Aufnahme von 1 mg pro kg Körpergewicht und Woche.

Was dabei vielen nicht bewusst ist: Aluminium ist das dritthäufigste Element in der Erdkruste, und es steckt von Natur aus schon in vielen Lebensmitteln wie Getreideprodukten, Pilzen, Gewürzen oder auch Kakao. Manchen Lebensmitteln wird Alu auch als Stabilisator oder Lebensmittelfarbe zugesetzt: Bei Schokolinsen z. B. sorgen teilweise Alulacke für den bunten Farbanstrich. Am meisten Aluminium nehmen Erwachsene laut dem Bundesamt für Risikobewertung (BfR) über Instant-Tee-Getränke, gemischte Rohkostsalate, Teegetränke sowie Kakao- und Schokoladenerzeugnisse auf.

Und dann kann Aluminium auch noch auf unser Essen übergehen, den in Verbindung mit säure-, laugen- oder salzhaltigen Lebensmitteln können Aluminium-Ionen aus der Folie oder Verpackung gelöst werden. Ein Beispiel ist Laugengebäck: In vielen Bäckereibetrieben sind Alubleche Standard, und die Lauge kann im Ofen das Aluminium aus den Blechen lösen. Das bayerische Landesamt für

Aus Alufolie & Co. kann sich Aluminium lösen und auf unser Essen übergehen …

… daher sollte man auf beschichtete Verpackungen und alufreie Alternativen setzen.

Gesundheit und Lebensmittelsicherheit (LGL) hat z. B. 2015 bei der Untersuchung von Laugengebäck aus bayrischen Bäckereien festgestellt, dass der in Bayern geltende Höchstwert von 10 mg Alu pro kg Frischgewicht Brezeln teilweise um fast das 15-Fache überschritten wurde!

Verpackungen aus Alu wie Joghurtbecherdeckel, Saft- oder Fruchtsaftkartons werden in der Regel auf der Innenseite beschichtet, was einen gewissen Schutz bietet. Bei einem stichprobenartigen Einkauf für Marktcheck fanden wir jedoch zahlreiche Fertiggerichte in Aluschalen, bei denen nicht erkennbar war, ob diese beschichtet sind oder nicht. Vor allem bei Fischgerichten sieht das die Ernährungsexpertin Sabine Holzäpfel von der Verbraucherzentrale Baden-Württemberg kritisch. „Gerade wenn Salz und Säure enthalten sind, löst sich das Aluminium aus der Verpackung, und wenn man das Lebensmittel dann noch erhitzt, verstärkt das den Effekt noch."

VERBRAUCHER-TIPP

! **Auf der Verpackung von Alufolie steht ein Hinweis, dass sie nicht in Verbindung mit stark säure- und salzhaltigen Lebensmitteln benutzt werden soll – schauen Sie mal genau hin! Bewahren Sie darum z.B. mariniertes Fleisch, Fisch, Apfelmus oder aufgeschnittene Äpfel, Tomaten oder Rhabarber besser in Kunststoff- oder Glasbehältern auf. Und Fisch kann man zum Beispiel auch in der Glasschale backen.**

! **Verwenden Sie auch für Pizza am besten Backpapier.**

! **Ziehen Sie beim Grillen Edelstahlschalen vor oder würzen und salzen Sie das Grillgut erst am Ende des Grillvorgangs.**

! **Achten Sie bei Fertiggerichten und Essen aus Aluschalen darauf, dass der Hersteller auf eine Beschichtung hinweist. Fehlt dieser Hinweis, am besten darauf verzichten.**

KÜCHENSCHWÄMME – EIN PARADIES FÜR KEIME

Fast jeder hat sie in der Küche und benutzt sie täglich – oft wochen- oder sogar monatelang. Dabei zählen benutzte Spülschwämme zu den größten Keimschleudern im Haushalt, wie eine Stichprobe von Marktcheck gezeigt hat.

Wir wollten wissen, wie es um die Keimbelastung beliebiger Küchenschwämme bestellt ist, und haben in einem Stuttgarter Wohngebiet einige gebrauchte Exemplare eingesammelt. An der Hochschule Furtwangen wurden diese dann untersucht – und es wurde richtig ekelig: Sogar Fäkalkeime fanden die Hygieneexperten in den Schwämmen! Mikrobiologe Prof. Markus Egert hatte zusammen mit Kollegen für eine frühere Studie schon einmal 14 gebrauchte Küchenschwämme genau unter die Lupe genommen und darin 362 verschiedene Arten von Bakterien gefunden, darunter etwa Acinetobacter johnsonii, Moraxella osoloensis und Chryseobacterium hominis. „Die Dichten erreichten 54 Mrd. pro cm^3 Schwamm. Das ist nur noch mit menschlichen Stuhlproben vergleichbar", so Prof. Egert. Auch in unseren Schwämmen fanden sich solche Keime der sogenannten Risikogruppe 2, die bei älteren Menschen oder Menschen mit einem geschwächten Immunsystem sogar Krankheiten auslösen können.

Der Grund für die hohe Keimbelastung ist offensichtlich: In Küchenschwämmen herrschen optimale Bedingungen für die

Verkeimte Küchenschwämme in der Waschmaschine zu waschen, ist keine Lösung …

… aber durch regelmäßigen Austausch vermeidet man zu hohe Keimbelastungen.

Keime, denn sie bestehen überwiegend aus Schaumstoff und haben durch ihre zahlreichen Poren eine sehr große Oberfläche. Zudem sind die Schwämme in der Regel immer feucht und bieten Mikroorganismen viele Nährstoffe, etwa durch Lebensmittelreste oder Schmutz.

VERBRAUCHER-TIPP

! **Wechseln Sie Ihren Küchenschwamm einmal wöchentlich aus oder verwenden Sie waschbare Spültücher – Letztere sparen Geld und schonen die Umwelt.**

! **Sehen Sie davon ab, benutzte Küchenschwämme in die Waschmaschine zu geben oder in der Mikrowelle zu erhitzen, um Keime abzutöten: Laut den Experten führe dies zwar zu einer kurzfristigen Reduzierung der Keimanzahl. Mittelfristig bildeten sich aber, wie eine weitere Studie unter Beteiligung von Prof. Egert gezeigt hatte, andere Bakterienzusammensetzungen und Mikrobengemeinschaften, die sich immer schwerer aus den Schwämmen entfernen ließen.**

SPÜLMASCHINENPULVER & CO. – BENZOTRIAZOL ALS RISIKO

Das umstrittene Benzotriazol muss auf der Verpackung nicht deklariert werden ...

... doch es lässt sich vermeiden.

„Benzo-was?" Das war die Reaktion in der Marktcheck-Redaktionskonferenz, als eine Kollegin das Thema erstmals vorstellte. Benzotriazol verwenden die meisten, und zwar beim Spülen in der Spülmaschine. Doch kaum jemand kennt diesen Inhaltsstoff. Und noch weniger sind seine Gefahren bekannt.

Benzotriazol steckt in den meisten Spülmaschinentabs und -pulvern. Es schützt z. B. Silberbesteck vor Korrosion. Der Industrieverband Körperpflege und Waschmittel (IKW) hält den Stoff für unkritisch, auf Anfrage von Marktcheck teilt er mit: „Nach Kenntnis des IKW stellt der Einsatz (...) in Maschinengeschirrspülmitteln kein Risiko für die Umwelt oder die menschliche Gesundheit dar." Einige Experten sehen das allerdings anders: Marcus Gast etwa, beim Umweltbundesamt zuständig für wassergefährdende Stoffe, erklärt: „Benzotriazol reichert sich immer mehr in der Umwelt an. Und es ist giftig für Fische und Krebstiere. So kann langfristig eine Gefahr für die Umwelt entstehen." Auch Prof. Andreas Fath von der Hochschule Furtwangen hält die Chemikalie für problematisch für unsere Gewässer. Er hat mehrfach Wasserproben aus dem Rhein entnommen und sie auf Industriechemikalien untersuchen lassen. Das Ergebnis: „Benzotriazol war einer der Stoffe, die in der stärksten Konzentration gefunden wurden."

Dazu kommt: Benzotriazol haftet besonders gut an Oberflächen an. In der Spülmaschine sorgt genau diese Eigenschaft für den Korrosionsschutz. In Gewässern haftet Benzotriazol allerdings an Schwebstoffen wie Mikroplastik, das schließlich von Fischen aufgenommen wird. So landet es auch auf unseren Tellern. Außerdem steht Benzotriazol im Verdacht, hormonell wirksam zu sein und dadurch die Fortpflanzungsfähigkeit der Fische zu gefährden.

VERBRAUCHER-TIPP

Benzotriazol ist für die Reinigungsleistung nicht zwingend notwendig: Laut einem Test von Stiftung Warentest können auch Geschirrspülmittel ohne diesen Inhaltsstoff gut reinigen.

! Um herauszufinden, ob ein Produkt Benzotriazol enthält, muss man auf der Internetseite des Herstellers recherchieren: Dort müssen die Inhaltsstoffe vollständig deklariert werden. Aber Achtung: Die Hersteller ändern ihre Rezepturen immer wieder!

! Greifen Sie nach Möglichkeit auf Produkte zurück, die das EU-Ecolabel oder den Blauen Engel tragen: Diese müssen frei von Benzotriazol sein.

DIE SPÜLMASCHINE – KEIMGEFAHR AUF „SAUBEREM" GESCHIRR?

Die Keimbelastung in der Spülmaschine kann hoch sein …

… doch mit ein paar einfachen Tipps bekommt man sie in den Griff.

Dass unser Haushalt voller Keime und Bakterien ist, wissen wir – und das ist durchaus normal. Doch es gibt ein paar Orte, an denen wir die Keimzahl möglichst gering halten sollten, und dazu gehören Geschirr und Besteck. Denn von dort gelangen die Keime direkt in unseren Mund. Aber wie kommen denn Keime überhaupt auf unser Geschirr? Tatsächlich durch die Spülmaschine!

Genau: Ausgerechnet der Ort, an dem unser Geschirr sauber werden soll, ist dafür verantwortlich. Woher wir das wissen? Wir haben für Marktcheck Proben von 25 zufällig ausgewählten Spülmaschinen genommen – vom Geschirr selbst, von den Wänden der Maschine und aus dem Pumpensumpf. An der Hochschule Rhein-Waal haben wir die Proben untersuchen lassen. Dabei fanden sich Hefepilze und Bakterien, darunter Fäkalkeime, und zwar E-Coli-Bakterien. Laborleiter Prof. Dirk Bockmühl war davon nicht überrascht: Durch die Feuchtigkeit und Wärme bietet die Spülmaschine gute Wachstumsbedingungen für Bakterien und Pilze.

Bei fast allen getesteten Maschinen war der Pumpensumpf die Keimquelle. Die Innenwände der Maschinen und das Geschirr selbst waren weniger belastet. Allerdings gab es Unterschiede – und die deuten darauf hin, dass es in puncto Keimbelastung des Geschirrs auf die Art des Einräumens ankommt. Außerdem sollte die Spülmaschine selbst regelmäßig gereinigt und gepflegt werden.

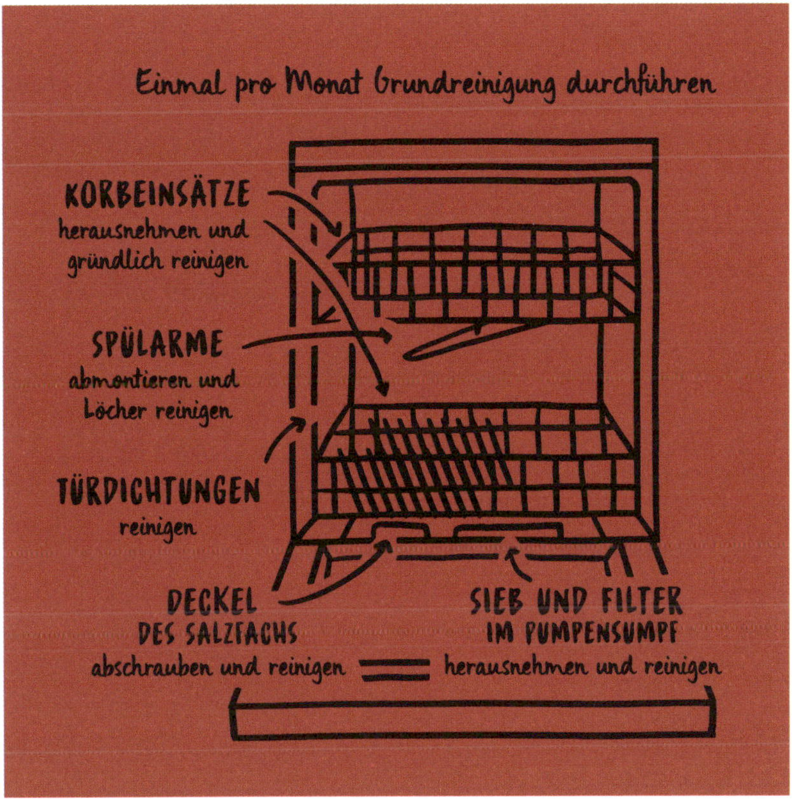

Ob Tabs oder Pulver (s. S. 96), spielt für die Hygiene übrigens offenbar eine untergeordnete Rolle. Tabs können den Vorteil haben, mehrere Reinigungsschritte nacheinander durchzuführen. Allerdings sind sie einzeln verpackt, was die Umweltbilanz verschlechtert. Meine persönliche Empfehlung lautet daher auf Pulver: Es ist preisgünstiger, zudem kann die Dosierung selbst bestimmt werden je nach Füllmenge und Verschmutzungsgrad des Geschirrs.

VERBRAUCHER-TIPP

! Machen Sie die Maschine nicht zu voll.
! Stellen Sie das Geschirr nicht zu dicht und stapeln Sie es nicht übereinander.
! Am sichersten und saubersten sind Besteckschubladen. Im Besteckkorb sollte das Besteck mit dem Griff nach unten und unsortiert eingeräumt werden, also Gabeln, Löffel und Messer durcheinander. Ich sortiere Messer übrigens dennoch mit dem Griff nach oben ein, damit sich meine Kinder nicht daran verletzen können.
! Entfernen Sie nach jedem Spülgang alle groben Essensreste aus dem Pumpensumpf.
! Wählen Sie zumindest einmal pro Woche ein Programm über 60°C Spültemperatur.
! Wenn die Maschine länger nicht genutzt wurde, kann vor der ersten Benutzung ein Leerwaschgang mit hoher Temperatur sinnvoll sein.
! Führen Sie einmal im Monat eine Grundreinigung durch. Dafür sind keine speziellen Maschinenreiniger notwendig, Essigessenz und Zitronensäure sind genauso effektiv und preiswerter: Spülarme, Sieb und Filter in einer Lösung aus 2 Tassen Essigessenz und 10 l Wasser einweichen lassen. Mit klarem Wasser abspülen und wiedereinsetzen, dann mit in Wasser aufgelöster Zitronensäure Innenraum, Dichtungsgummis, Spülarme und Pumpensumpf abwischen.

DUFTSTOFFE – EINE UNTERSCHÄTZTE GEFAHR

Duftstoffe sind überall, und sie machen uns zunehmend krank …

… sich davor zu schützen, ist nicht so einfach – aber machbar.

Die Wäsche riecht nach Meeresbrise, in der Obstabteilung des Supermarkts empfängt uns Orangenaroma und selbst der Müllbeutel duftet inzwischen nach Limetten. Rund 3.000 verschiedene Duftstoffe werden von der Industrie eingesetzt, und immer mehr Menschen werden davon krank. Woran liegt das und warum werden Duftstoffe überhaupt so inflationär eingesetzt?

Duftstoffallergien nehmen zu, nach Nickel sind Duftstoffe mittlerweile die häufigsten Auslöser für Kontaktallergien. Juckreiz, Ausschläge, irgendwann kann der Geruchssinn streiken – laut der Allergologin Prof. Christiane Bayerl ist das ein typischer Verlauf einer Duftstoffallergie. „Sie entwickelt sich über die Jahre des Kontakts, weil es sich um eine verzögert auftretende Allergie handelt."

Duftstoffe sollen uns emotional ansprechen, Erinnerungen wecken. Und sie können uns auch manipulieren. Das macht sich auch die Industrie zunutze. Bei Wäsche z. B. wird uns mit Duftstoffen Frische vorgegaukelt. Wir haben dazu ein Experiment gemacht und in einem Hotel Handtücher gewaschen, einmal ohne Duft, einmal mit Wäscheparfüm. Die Einschätzung der Hotelgäste: Für frisch gewaschen hielten sie nur die Handtücher mit dem Wäscheparfum. Bei den anderen vermuteten sie, dass diese schon benutzt worden waren.

Auf Produktverpackungen müssen laut EU-Kosmetikverordnung nur 26 bestimmte Duftstoffe gekennzeichnet werden. Bei ihnen konnte mindestens eine allergieauslösende Wirkung nachgewiesen werden. Eine Untersuchung von Raumdüften für Marktcheck im Jahr 2019 hat gezeigt: Alle untersuchten Produkte beinhalteten mindestens drei kennzeichnungspflichtige Duftstoffe, die meisten sogar mehrere. Viele tragen sogar Gefahrensymbole!

Natürlich gibt es auch bei der Deklarationspflicht einen Trick: Setzen die Hersteller die betroffenen Duftstoffe nur bis zu einem bestimmten Grenzwert zu, müssen sie nicht deklariert werden.

- In Mitteln, die auf der Haut oder in den Haaren verbleiben: erst ab mehr als 0,001 %.
- In Mitteln, die ab- bzw. ausgespült werden („Rinse-off"): erst ab 0,01 %.

Alle übrigen Duftstoffe tauchen übrigens einfach unter dem Sammelbegriff „Parfüm" auf. Das heißt aber nicht, dass diese Duftstoffe weniger allergieauslösend sind. Auch Toxikologen sehen die Liste der 26 deklarationspflichtigen Duftstoffe kritisch. Dr. Marike Kolossa vom Umweltbundesamt warnt: „Alle (Duftstoffe) sind biologisch aktiv, sonst würden sie nicht riechen. Und viele der Duftstoffe, die unter Parfüm zusammengefasst sind, sind toxikologisch überhaupt nicht ausreichend untersucht, um wirklich sagen zu können, was sie für die menschliche Gesundheit bedeuten."

VERBRAUCHER-TIPP

- ! Verzichten Sie zumindest in Ihrem eigenen Zuhause auf den Einsatz von Raumdüften. Die sicherste und einfachste Art, für ein angenehmes Raumklima zu sorgen, ist ohnehin das Durchlüften: Zwei Mal täglich 5 Min. reichen schon aus.
- ! Bei sensibilisierten Menschen können die deklarationspflichtigen Duftstoffe auch dann schon zu Problemen führen, wenn ihre Konzentration unterhalb der Grenzwerte liegt. Versuchen Sie darum, parfümierte Produkte so gut wie möglich zu meiden. Um herauszufinden, welche (deklarationspflichtigen) Duftstoffe enthalten sind, helfen einschlägige Apps wie Codecheck oder Toxfox, die anhand des gescannten Barcodes aufzeigen, ob sich hinter den komplizierten Namen auf der Inhaltsstoffliste problematische Kandidaten verbergen.
- ! Generell sind für Spielzeuge nach der EU-Spielzeugrichtlinie 2009/48/EG Duftstoffe bis zu einem Gehalt von 100mg pro kg erlaubt. Mit dem Blauen Engel (s. S. 107) gekennzeichnetes Holz- und Textilspielzeug ist jedoch duftstofffrei. Das gilt auch für Kinderprodukte, die mit dem EU-Ecolabel ausgezeichnet sind (s. S. 107): Damit gekennzeichnete Produkte enthalten nur sehr geringe Mengen allergene Duftstoffe, und wenn sie explizit für Kinder bestimmt sind, dürfen sie sogar überhaupt keine Duftstoffe enthalten.

DAS SMARTPHONE – VOLLER KEIME?

Türklinken, Geländer, Einkaufswagen, Knöpfe und Tasten – den ganzen Tag fassen wir irgendetwas an. Und nicht erst seit Corona ist klar: Da, wo alle hinfassen, tummeln sich auch alle möglichen Keime, darunter einige, die krank machen können. Doch landen die auch auf unserem Smartphone? Schließlich gibt es wohl nichts, das wir im Alltag so oft anfassen wie unser Handy!

Für Marktcheck machen wir einen Versuch: Wir schicken ein Pärchen mit frisch desinfizierten Smartphones in die Stadt. Sie fahren Rolltreppe, kaufen Fahrkarten am Automaten und drücken Türöffner in der U-Bahn. Auch eine öffentliche Toilette wird benutzt, außerdem ein Einkaufswagen im Supermarkt und der Leergutautomat. Danach nehmen wir Abklatschproben – von all diesen Berührungspunkten und von den Handy-Displays der beiden. Alle Proben schicken wir ins Labor.

Die Ergebnisse – mehr als ekelig! Auf den Proben der angefassten Flächen findet sich alles Mögliche, von Darmbakterien und Schimmelpilzen über Streptokokken und Staphylokokken bis hin zu etlichen anderen Bakterien, die beispielsweise Durchfälle, Entzündungen und sogar Hirnhautentzündung auslösen können.
Am stärksten belastet ist, wenig überraschend, die Toilette. Dort finden sich unter anderem Pseudomonaden, die schwere Wundinfektionen auslösen können.
Platz 2 belegt der Knopf des Leergutautomaten! Hier wird unter anderem Acinetobacter gefunden, der als multiresistenter Keim sehr gefährlich werden kann.

Das Smartphone ist keine Keimfalle …

… wenn Sie auf eine sorgfältige Hand- und Handy-Hygiene achten.

Und der Fahrkartenautomat ist mit Durchfallerregern kontaminiert.

Was davon landet auf unseren Handys?

Bevor Sie jetzt in Panik verfallen: Diese Keime finden wir NICHT komplett auf den Handys wieder. Immerhin ein Viertel hat es allerdings bis auf die Displays geschafft! Und von dort gelangen die Keime dann mühelos an unser Ohr oder an den Mund. Oder wir tragen sie über unsere Hände weiter, wenn wir uns ins Gesicht fassen oder anderen die Hand geben.

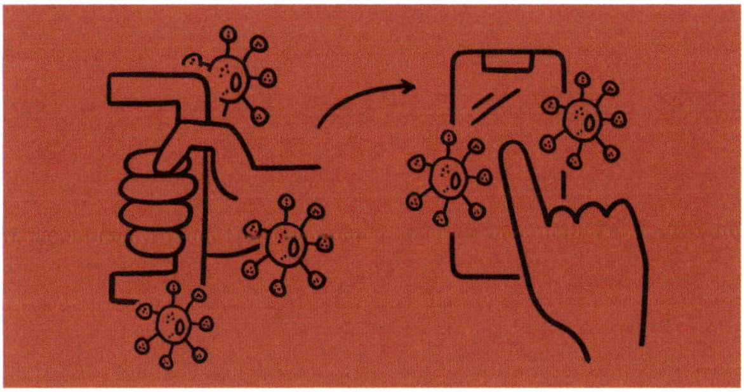

VERBRAUCHER-TIPP

- ! Eine sorgfältige Handhygiene hilft (nicht nur gegen Corona, sondern grundsätzlich).
- ! Darüber hinaus empfiehlt es sich, das Handydisplay regelmäßig und gründlich zu reinigen, z. B. mit einem Mikrofasertuch. Apple empfiehlt beispielweise, das Tuch mit 70 %igem Isopropylalkohol zu befeuchten, um das Display abzuwischen. Es gibt auch eine spezielle antibakterielle und wiederverwendbare Reinigungsmasse, mit der man aufgrund ihrer Elastizität auch in enge Zwischenräume gelangt.
- ! Wichtig: Keine aggressiven Reinigungsmittel verwenden! Sie können dem Display schaden.
- ! Und zu guter Letzt: Das Handy möglichst wenig aus der Hand geben beziehungsweise andere nicht auf dem Display herumtippen lassen, um weitere Keimbelastung zu verhindern!

INTERNET & TELEFON – GESTÖRTE LEITUNG?

Endlos surfen und telefonieren, nur einstecken und los geht's – so einfach klingt es in der Werbung der Telefon- und Internetanbieter. Doch so mancher Marktcheck-Zuschauer erlebt im Alltag etwas Anderes: Telefonstörungen, keine Internetverbindung, und das teilweise wochenlang. Das nervt, vor allem, wenn man vom Anbieter geradezu hängen gelassen wird. Gut, wenn man als Verbraucher seine Rechte kennt!

Bei Störungen der Verbindung ist es gut zu wissen, dass es ein Recht auf eine nahtlose Verbindung mit Telefon und Internet gibt: Laut Entscheid des Bundesgerichtshofs 2013 ist das Internet auch im privaten Bereich für die Lebenshaltung von zentraler Bedeutung. Bei einem vom Anbieter verschuldeten Ausfall des Internets können deshalb Schadenersatzansprüche entstehen. Den tatsächlich entstandenen Schaden muss der Kunde dabei nicht nachweisen, die Höhe des Anspruchs richtet sich nach den Zugangskosten und der Ausfalldauer. Darüber hinaus muss der Netzbetreiber dem Kunden eventuelle (nachgewiesene) Mehrkosten ersetzen, z. B. für das Mobiltelefon als Ersatz-Hotspot zum Surfen. Einen Vertrag wegen einer Störung vorzeitig zu kündigen, ist aber nur möglich, wenn es sich nachweislich um eine längere Störung handelt. In den AGB garantieren die Anbieter in der Regel lediglich eine Verbindungssicherheit von 98 %. Das heißt: Kunden müssen an 7,3 von 365 Tagen einen Internetausfall akzeptieren.

Und was, wenn die vertraglich versprochene Internetgeschwindigkeit nicht geliefert wird? Immer wieder berufen sich die Provider dann auf den Wortlaut „bis zu". So auch in einem Fall vor dem Amtsgericht München 2014: Der Kunde hatte einen Vertrag über eine Leistung von „bis zu 18 Mbit" abgeschlossen, tatsächlich lieferte der Provider aber gerade mal 30 % davon. Jedoch: Das Gericht entschied, als Kunde müsse man davon ausgehen, dass die vertraglich geschul-

Verbindungsstörungen, langsame Geschwindigkeit und Probleme bei einem Umzug sind die häufigsten Ärgernisse …

… und nicht bei allen diesen Themen ist die Rechtslage unbedingt auf Seiten der Verbraucher.

dete Leistung zumindest annähernd erreicht wird. Ansonsten könne man den Vertrag kündigen.

Was viele Verbraucher auch nicht wissen: Bei einem Umzug läuft der Vertrag mit dem Telefon- und Internetanbieter weiter! Dieser muss die vereinbarte Leistung auch am neuen Wohnort erbringen. Ist das nicht möglich, z. B. weil die vereinbarte Internetleistung dort nicht .verfügbar ist, hat der Kunde ein Sonderkündigungsrecht von 3 Monaten zum Monatsende. Doch Achtung: Die Kündigungsfrist läuft erst ab dem Umzugstermin – auch wenn bereits vorher bekannt ist, dass der Provider am neuen Wohnort nicht liefern kann. Man muss also wirklich 3 Monate weiter bezahlen, obwohl man keine Leistung mehr erhält!

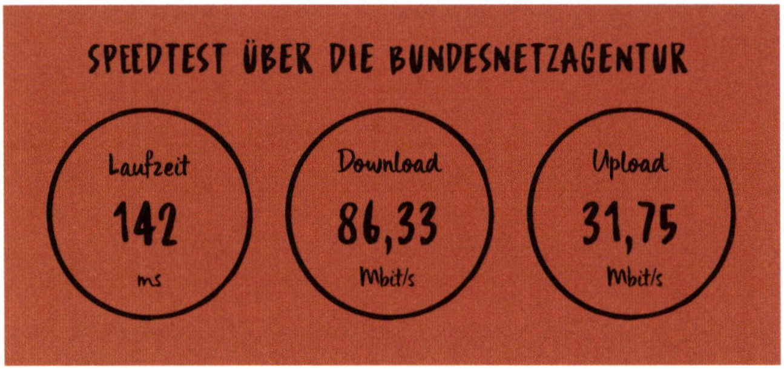

VERBRAUCHER-TIPP

! Bei Störungen der Verbindung kann man sich manchmal selbst helfen, indem man den Router neu startet: Den Stromstecker ziehen, ca. 1 Min. warten, wieder einstecken. Wenn es ein kleines Problem war, verbindet sich der Router dann wieder mit dem Internet.

! Bei einem größeren Problem mit der Verbindung, das man mithilfe der Hotline des Anbieters nicht kurzfristig lösen kann, sollte man den Anbieter schriftlich dazu auffordern, die Störung zu beseitigen, und dazu eine angemessene Frist (in der Regel 14 Tage) setzen. Weisen Sie den Provider auch direkt auf den Nutzungsausfall und die Entschädigung hin, das kann sich lohnen!

! Wenn Sie vermuten, dass die vertraglich vereinbarte Geschwindigkeit nicht erbracht wird, sollten Sie zunächst selbst nachmessen. Die Bundesnetzagentur etwa bietet auf ihrer Internetseite einen kostenlosen Speedtest an. Für die Messung einfach den Computer per Kabel mit dem Router verbinden, den Browser öffnen (andere Programme schließen) und starten. Ist die Leistung dauerhaft zu schwach, können Sie ihren Vertrag außerordentlich kündigen. Dafür sollten Sie als Beweis am besten mehrere Messungen vorlegen. Liegt der Wert an zwei Tagen mit je 20 Bandbreitenmessungen zu unterschiedlichen Zeiten nie bei mindestens 90 % der zugesagten Bandbreite, ist dies ein Vertragsbruch. Außerdem muss bei mindestens 90 % der Einzelmessungen eine normale Geschwindigkeit erreicht werden – und normal bedeutet, mindestens 95 % des maximal erreichbaren Werts.

ENERGIEANBIETERWECHSEL – WIRKLICH GANZ EINFACH

Seit 1998 können Stromkunden ihren Anbieter frei wählen, seit 2004 auch Gaskunden. Doch von ihrem Wahlrecht machen laut Bundesnetzagentur gerade einmal 10 % der Haushalte Gebrauch. Die anderen 90 % verschenken viel Geld (s. S. 138) – und das muss wirklich nicht sein.

Ein Wechsel ist gar nicht schwer: Sie benötigen dafür lediglich Ihre Stromrechnung, auf der die Angaben zum Jahresverbrauch und Ihre Zählernummer vermerkt sind. Die Kündigung beim alten Anbieter übernimmt in der Regel der neue Anbieter, die Kündigungsfrist beträgt in der Grundversorgung 2 Wochen (bei anderen Tarifen finden Sie die Frist in den AGB Ihres Anbieters).

Bei der Suche nach einem günstigen neuen Anbieter hören sich die Vergleichsportale mit ihren Slogans wie „Haushaltskosten senken" oder „Vergleichen und sparen" nach der perfekten schnellen Lösung an. Und wirklich: Check24, Verivox und Co. machen es möglich, Tarife bequem zu vergleichen. Einfach nur Postleitzahl und Jahresverbrauch eingeben, und schon werden die Ergebnisse angezeigt. Allerdings sollte dem Nutzer bewusst sein, dass die Portale eine enorme Marktmacht haben und unter den ersten Tarifen häufig Anbieter angezeigt werden, die den Portalen hohe Provisionen bezahlen oder mit hohen Boni locken (s. S. 133).

Vergleichsportale sind gute Orientierungshilfen beim Anbieterwechsel …

… doch sie haben ihre Tücken im Detail. Es hat eben niemand was zu verschenken!

Eine Alternative sind Wechseldienstleister wie Wechselpilot, Switchup.de, Esave oder Wechselstrom. Das Motto hier lautet: „Einmal anmelden, dauerhaft sparen“, und das ist einer der Vorteile gegenüber Vergleichsportalen: Die Agenturen nehmen für den Kunden nicht nur einmal auf Anfrage, sondern in regelmäßigen Abständen einen Tarifvergleich vor. Bei der Auswahl versprechen sie, unzuverlässige Anbieter (s. S. 133) auszusortieren. Für den Service bezahlt man meist eine Provision von 20–30 % der Wechselersparnis. Laut Stiftung Warentest lassen sich so dennoch zwischen 73 und über 400 Euro im Jahr einsparen!

VERBRAUCHER-TIPP

! **Bei einer Sonderkündigung aufgrund einer Preiserhöhung (s. S. 140) sollten Sie zur Fristwahrung besser selbst kündigen und die Kündigung nicht dem neuen Anbieter überlassen.**

! **Wenn Sie ein Vergleichsportal nutzen möchten, nehmen Sie ein paar Änderungen an den Voreinstellungen vor: Tarife immer ohne Bonuseinberechnung anzeigen lassen. Nur Tarife mit maximal 12 Monaten Laufzeit anzeigen lassen. Die Filteroptionen „direkte Wechselmöglichkeit“, „nur Tarife gemäß unseren Richtlinien“ oder „Empfehlungen“ abwählen. Bewertungen genau durchlesen und vor allem auf solche achten, die Kunden nach einem Jahr abgegeben haben: Schlechte Erfahrungen zeigen sich meist erst am Laufzeitende.**

! **Wenn Sie einen Wechselassistenten nutzen, denken Sie daran, die Agentur über Änderungsmitteilungen von ihrem Anbieter zu informieren, die Ihnen per Post oder im Online-Postfach zugestellt wurden – diese sind dem Dienstleister natürlich nicht bekannt.**

UNSERIÖSE ENERGIEANBIETER – WAS TUN BEI INSOLVENZ?

Die Liberalisierung des Strommarkts 1998 hat zahlreiche Glücksritter auf den Markt gelockt. Strom ist ein einfach handelbares Gut, und plötzlich konnten Unternehmen Strom an Millionen von Kunden verkaufen, ohne ihn selbst erzeugen zu müssen. Und bis heute gibt es sie, die schwarzen Schafe auf dem Strom- und Gasmarkt. Was tun, wenn man ihnen auf den Leim gegangen ist?

Mit aggressiven Preisen und hohen Boni versuchen vor allem Discountanbieter, Kunden zu gewinnen. Und die Strategie geht auf: Mit ihren günstigen Preisen landen diese Anbieter bei Vergleichsportalen (s. S. 131) häufig auf den vorderen Plätzen, obwohl einige aus Sicht von Verbraucherschützern nicht empfehlenswert sind. Wie sie das machen? Ganz einfach: Ihr Geschäftsmodell rechnet sich erst im zweiten Jahr. Dann nämlich werden die Tarife im Vergleich zum ersten Vertragsjahr häufig massiv erhöht, die Kunden kräftig zur Kasse gebeten. Die Discountanbieter setzen dabei auf die Wechselträgheit der Kunden (s. S. 131).

Das größte Problem mit solchen Anbietern ist aber nicht die starke Teuerung ab dem zweiten Vertragsjahr, sondern dass hier auch die Gefahr bestehen kann, dass der Anbieter insolvent wird, und dann schaut der Kunde in die Röhre. Man rutscht zwar automatisch in die Ersatzversorgung des zuständigen Grundversorgers (meist das örtliche Stadtwerk), doch bereits gezahltes Geld ist so

Ist ein Energieanbieter insolvent, haben Kunden meist das Nachsehen ...

... doch mit ein paar Maßnahmen können Sie den Schaden zumindest begrenzen.

gut wie immer weg: Insolvenzverfahren ziehen sich in der Regel über mehrere Jahre, und die Gläubiger können meist nur mit einer geringen Insolvenzquote rechnen.

Erinnern Sie sich noch an die folgenden Fälle? Über die meisten hatten wir bei Marktcheck berichtet und vor ihnen gewarnt, zum Teil lange bevor die Unternehmen pleite waren. 2011: TelDaFax. „Wechseln is'n Klax mit TelDaFax", so warb das Unternehmen und lockte mit Dumpingpreisen Hunderttausende Kunden an, die Vorkasse leisten mussten (s. S. 136). Als der Anbieter schließlich einen Insolvenzantrag stellte, waren mehr als 300.000 Kunden betroffen, der Schaden betrug rund 750 Mio. Euro. 2013: Flexstrom. Auch hier hatten viele Kunden Vorkasse geleistet, außerdem Kautionen bezahlt (s. S. 136); das Geld war quasi futsch. 2017: Care Energy. Das Unternehmen hatte sich ein besonderes Geschäftsmodell ausgedacht: Es trat als Energiedienstleister auf und beauftragte dann einen Energieversorger, der den Strom liefern sollte. Mit dieser Konstruktion glaubten die Verantwortlichen, die EEG-Umlage umgehen zu können, und so boten sie den ahnungslosen Kunden den Strom lange Zeit unschlagbar günstig an. 2019: BEV. Auch dieses Unternehmen lockte mit einem satten Neukundenbonus (s. S. 133) und „super" Preisen. Doch schon Monate vor der Insolvenzanmeldung berichteten uns Marktcheck-Zuschauer, dass Jahresabrechnungen nicht erstellt wurden oder Guthaben nicht ausbezahlt wurden, obwohl die Abschlussrechnung seit Monaten vorlag.

VERBRAUCHER-TIPP

Auf die Aufsichtsbehörde, die Bundesnetzagentur, sollten sich Stromkunden nicht verlassen, wie diese Insolvenzen zeigen: Keinem der betroffenen Stromversorger hatte die Bundesnetzagentur die Geschäftstätigkeit untersagt, obwohl schon lange Beschwerden und Hinweise auf Unregelmäßigkeiten vorlagen.

Ob mit Ihrem Anbieter etwas nicht stimmt, sollten Sie darum selbst genauer überprüfen, wenn Ihnen plötzlich z. B. folgende Dinge auffallen:

! Die Beschwerden über das Unternehmen – z. B. in Online-Bewertungen – nehmen stark zu.

! Die Abschlagszahlungen werden ohne ersichtlichen Grund stark erhöht, manchmal sogar während der laufenden Abrechnungsperiode.
! Trotz Preisgarantie werden die Preise massiv erhöht.
! Jahresabrechnungen werden verspätet erstellt: Der Stromanbieter muss die Jahresabrechnung spätestens 6 Wochen nach Ablauf des Abrechnungszeitraums erstellen. Bleibt diese aus, fordern Sie ihn auf, Ihnen die Jahresabrechnung zukommen zu lassen, und setzen Sie dafür eine Frist – in der Regel zwei Wochen.
! Kunden werden bei der Auszahlung von Guthaben immer wieder vertröstet, das Geld kommt nicht.
! Bei der Telefonhotline ist ständig belegt oder niemand hebt ab, E-Mails werden nicht beantwortet.

Wenn Sie diese Warnsignale rechtzeitig erkennen, nutzen Sie die Umstände und machen Sie Ihr Sonderkündigungsrecht geltend: Das greift z. B. aufgrund unbegründet erhöhter Abschlagszahlungen, bei Preiserhöhungen und bei auch nach Aufforderung und Fristsetzung durch den Kunden nicht rechtzeitig erstellten Jahresabrechnungen.

Und was kann man noch tun, wenn der eigene Stromanbieter tatsächlich Insolvenz anmeldet?
! Der Strom fließt über den für Sie zuständigen Grundversorger weiter, doch die Ersatzversorgung ist in der Regel teurer als die regulären Stromtarife. Deshalb sollten Sie schnell einen Tarifwechsel vornehmen.
! Auch wenn Sie in der Ersatzversorgung sind, besteht der Vertrag mit ihrem ehemaligen (nun insolventen) Anbieter weiter. Deshalb sollten Sie diesen schnellstmöglich kündigen, ebenso bestehende Lastschriften.
! Lesen Sie Ihren Zählerstand ab und melden Sie diesen selbst Ihrem Netzbetreiber. So stellen Sie sicher, dass die Verbrauchswerte beim Anbieterwechsel richtig abgerechnet werden.
! Fordern Sie ausstehende Guthaben zurück und melden Sie Ihre Forderungen zur Insolvenztabelle an.

STROMVERTRÄGE – WO LAUERN DIE FALLEN?

Um neue Kunden zu gewinnen, lassen sich Energieanbieter mindestens so viel einfallen, wie um bestehenden Kunden mehr Geld abzunehmen (s. S. 140). Bleiben Sie wachsam!

1. Bonus und Gratis-Strom. Bleibt ein neuer Kunde ein Jahr treu, winkt ihm ein Neukundenbonus. Dieser senkt rein rechnerisch den Strompreis. Jedoch: Erhöht der Anbieter seine Preise im laufenden Jahr und nimmt der Kunde daraufhin sein Sonderkündigungsrecht wahr, ist der Bonus weg. Oder der Kunde wird im ersten Jahr mit Frei-Kilowattstunden (kWh) gelockt, welche die Tarife sehr günstig machen. Danach aber, ohne die Frei-kWh, wird es meist teurer.

2. Kaution und Vorkasse. Manche Anbieter verlangen eine Kaution, die am Vertragsende zurückgezahlt werden soll, oder bieten gegen Bezahlung der Stromkosten z.B. für ein ganzes Jahr in Vorkasse günstigere Konditionen. Die Gefahr dabei: Der Kunde gibt dem Anbieter einen zinslosen Kredit. Meldet dieser Insolvenz an, ist das Geld teilweise oder gar komplett weg (s. S. 133).

3. Strom-Pakete. Hierbei schließt der Kunde einen Tarif mit einer fixen kWh-Zahl ab. Verbraucht er mehr, werden die weiteren kWh deutlich teurer. Verbraucht er weniger, gibt es kein Geld zurück. Diese Wette auf den Stromverbrauch rechnet sich meist nur für den Anbieter!

4. Strompreisgarantie gegen Zusatzgebühr. Diese gilt in der Regel für ein oder zwei Jahre und verlängert sich automatisch, falls sie nicht rechtzeitig gekündigt wird. Meist entpuppen sich diese Preisgarantien allerdings als teure Mogelpackungen! So erfuhr eine Marktcheck-Zuschauerin mit ihrer Juni-2020-Rechnung, dass zum Januar 2020 eine Preiserhöhung stattgefunden hatte – trotz ihrer Energiepreisgarantie bis Mai 2021! Nach nur einem halben Jahr Vertragslaufzeit hatte sich der Grundpreis um knapp 14 % erhöht, und auch der Ar-

Stromverträge sind für viele Verbraucher nur schwer zu durchschauen …

… doch wer hier ein wenig aufpasst, kann am Ende richtig viel Geld sparen.

beitspreis war gestiegen. Das ist legal, weil in vielen Tarifen mit Preisgarantie Erhöhungen aufgrund staatlicher oder regulatorischer Änderungen wie Beschaffungskosten, Netzentgelte oder gesetzliche Umlagen (s. S. 138) ausgeschlossen sind! Solche Erhöhungen dürfen also trotz Garantie weitergegeben werden. Für den Kunden ist anhand der Rechnung in der Regel ohnehin kaum nachzuvollziehen, ob sich die Erhöhung tatsächlich nur auf die genannten Kostenbestandteile bezieht: Eine genaue Angabe zur Veränderung einzelner Bestandteile ist derzeit nur bei Grundversorgungstarifen vorgeschrieben.

VERBRAUCHER-TIPP

! Rechnen Sie beim Preisvergleich einen eventuellen Bonus immer raus: Ohne Bonus sind die Tarife erheblich teurer, und dass sich die Preise ändern, passiert schneller als gedacht.

! Achten Sie generell bei „Sonderangeboten" auf das Kleingedruckte: Was passiert z. B. nach dem für die Sonderkonditionen vereinbarten Zeitraum mit Ihrem Tarif?

STROMKOSTEN – WER VERDIENT DARAN WIE VIEL?

Die Beschäftigung mit Stromkosten gehört zu den unbeliebtesten Dingen im Alltag der meisten Verbraucher. Das liegt meistens an den Rechnungen, die häufig unübersichtlich und kompliziert klingen mit ihren vielen Posten: Grundpreis, Verbrauchspreis, EEG-Umlage, Aufschlag für das Kraft-Wärme-Kopplungsgesetz, Entgelte für den Netzbetreiber – wer soll da noch durchblicken?

Das nutzt auch mancher Anbieter aus. So erklärte ein Stadtwerk gegenüber einer Marktcheck-Zuschauerin, dass 91 % des Strompreises von ihnen nicht beeinflussbare Kosten seien, nur 9 % der Kosten seien beeinflussbar. Doch das stimmt so einfach nicht: Die staatlich festgelegten Abgaben, Umlagen und Steuern plus das Entgelt für die Netznutzung machen mehr als 70 % aus – aber nicht 91 %!

Stromanbieter verweisen in ihren Preiserhöhungsankündigungen gerne auf gestiegene Steuern und Co., verstecken dahinter aber auch immer wieder eigene Preiserhöhungen: Im Schnitt bezahlte 2020 ein Haushalt mit einem Verbrauch von 4.000 kWh rund 70 Euro mehr als im Vorjahr! Dieser drastische Preissprung ist nach Ansicht der Strompreisexperten des Wechseldienstleisters Wechselpilot nicht durch höhere Netzgebühren und die gestiegene EEG-Umlage erklärbar. Die Vermutung der Experten: Hier haben auch die Stromversorger selbst ganz gehörig an der Preisschraube gedreht – zugunsten ihrer Einnahmen und zulasten unseres Geldbeutels.

Strom wird mehrfach und auf komplizierte Art und Weise versteuert …

… doch häufig verstecken die Anbieter hinter diesem Argument drastische eigene Preiserhöhungen.

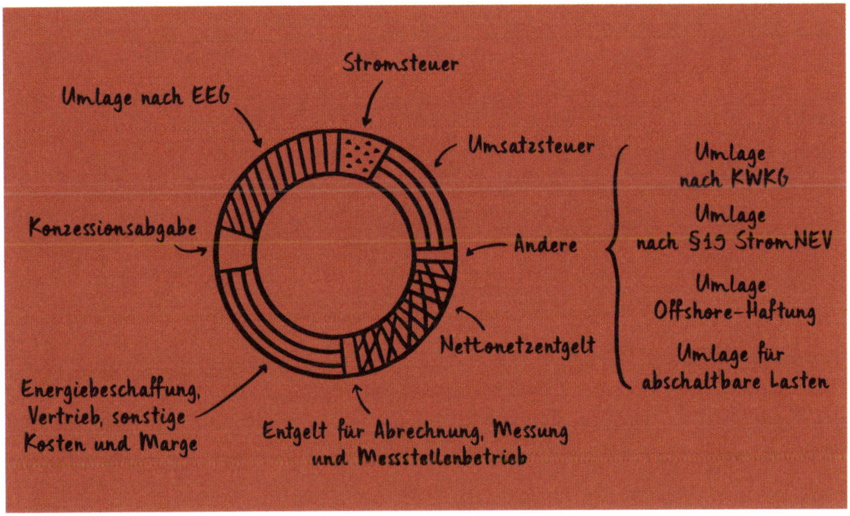

Trotzdem bleiben wir Kunden unserem Stromanbieter meist treu (s. S. 131) – und verschenken damit viel Geld. „Wir sind hier bei den Stadtwerken, und ich möchte eigentlich schon die Regionalität unterstützen", das hören wir bei unseren Recherchen immer wieder. Und diese Loyalität oder auch einfach nur unsere Bequemlichkeit nutzen die Anbieter aus: Ausgerechnet die treuen Kunden, die häufig auch noch in einem teureren Grundversorgungstarif stecken, bezahlen oft mehrere hundert Euro mehr als Neukunden!

VERBRAUCHER-TIPP

! Trauen Sie sich zu wechseln (s. S. 131), denn Kundentreue zahlt sich in diesem Bereich meist nicht aus. Hinzu kommt: Wenn nur wenige Kunden den Anbieter wechseln, haben die Energieversorger kaum Druck, kostengünstigere Energieverträge anzubieten.

! Wenn ein Wechsel nicht in Frage kommt, dann fragen Sie zumindest bei Ihrem Anbieter nach einem günstigeren Tarif.

STROMPREISERHÖHUNGEN – WIE MUSS INFORMIERT WERDEN?

Intransparente Kundeninformationen sind ein dreister Trick von Energieanbietern …

… doch dadurch können Strompreiserhöhungen unwirksam werden.

Stromkunden sollen Preiserhöhungen möglichst nicht bemerken – denn bei einer Preiserhöhung steht ihnen ein Sonderkündigungsrecht zu. Deshalb versuchen Anbieter immer wieder, den Kunden die Verteuerungen mit raffinierten Tricks unterzujubeln. Doch die Art und Weise, wie Kunden über die Preiserhöhungen informiert werden, ist entscheidend dafür, ob die Erhöhung überhaupt gilt.

Die Anbieter erweisen sich häufig als ziemlich kreativ, wenn sie Preiserhöhungen verschleiern möchten. Ein Marktcheck-Zuschauer etwa erhielt 2020 von seinem Anbieter einen „Werbeflyer“, der mitnichten nur harmlose Werbung beinhaltete: Vorne prangten bunte Ostereier und die Ankündigung „Jetzt unseren neuen Frühlingstarif entdecken“. Doch auf der zweiten Seite des Osterbriefs wurde unter „Preisinformation“ eine Preiserhöhung von – Achtung – 20 € pro Monat beim Grundpreis angekündigt, also eine Erhöhung um sage und schreibe rund 330 %! Bei diesem dreisten Vorgehen hatte sich übrigens die Verbraucherzentrale Baden-Württemberg eingeschaltet.

In einem anderen Fall erhielt ein Marktcheck-Zuschauer eine Information über eine Preiserhöhung von 23 Euro pro Monat – ausschließlich im Online-Kundenportal! Auch eine E-Mail von einer Serviceadresse ohne Antwortmöglichkeit wird hier gerne verwendet. Der Zuschauer bemerkte die Erhöhung erst im Januar auf der Jahresschlussrechnung und bekam auf Nachfrage die Antwort, jetzt sei es zu spät für eine Kündigung, denn die Preiserhöhung sei ihm schließlich bereits im Oktober zugegangen; der Vertrag habe sich darum nun automatisch verlängert. Lassen Sie sich von solchen Erklärungen nicht beirren!

Den Vogel abgeschossen hat jedoch ein Düsseldorfer Energieanbieter mit einem Schreiben an einen Kunden, in dem es hieß: „Gute Nachrichten, Ihr Strompreis (Arbeitspreis) wird aufgrund Ihrer Treue und unserer Einkaufspolitik noch günstiger!“ Erst bei genauem Lesen des ganzen Schreibens erfährt der Kunde, dass zwar der Strompreis pro Kilowattstunde um wenige Cent sinkt, dafür aber der Grundpreis kräftig steigt: „Um diese Servicequalität weiterhin zu gewährleisten und zu verbessern, werden wir ab dem zweiten Belieferungsjahr Ihren Grundpreis von aktuell sechsundsechzig Komma sechsundneunzig Euro jährlich auf fünfunddreißig Euro monatlich anpassen.“ Die Zahlen ausgeschrieben und versteckt in einem riesigen Textblock – so versuchte der Anbieter wohl zu erreichen, dass den Kunden die saftige Preiserhöhung von mehr als 500 %(!) nicht auffällt. Die wirklich gute Nachricht kam danach von der Verbraucherzentrale Baden-Württemberg: Der Anbieter wurde erfolgreich abgemahnt.

VERBRAUCHER-TIPP

Sie müssen als Kunde über eine Preiserhöhung klar, deutlich und rechtzeitig informiert werden! Rechtzeitig bedeutet gemäß §41 Abs.3 Energiewirtschaftsgesetz (EnWG):

- **für Kunden in der Grundversorgung 6 Wochen vor der geplanten Preisänderung**
- **für alle anderen Kunden rechtzeitig vor Ablauf der Abrechnungsperiode, d. h. vor Erstellung der Jahresabrechnung.**

Der Anbieter muss dabei zudem auf das Sonderkündigungsrecht hinweisen. Das gilt bis zu dem Tag, an dem die Preiserhöhung in Kraft tritt. Preisänderungen in der Grundversorgung müssen sogar öffentlich be-

kannt gegeben werden, z. B. in Mitteilungsblättern oder Tageszeitungen. Zudem muss der Energieanbieter beweisen, dass Ihnen die Information über die Preiserhöhung zugegangen ist.

! Sollten Sie ein ähnlich intransparentes Erhöhungsschreiben wie in unseren Beispielen bekommen, können Sie bei der Schlussrechnung auf die alten Preise und Konditionen bestehen.

! Wenn Sie unsicher sind, ob eine entsprechende Information anfechtbar ist, wenden Sie sich an die Energieexperten bei den Verbraucherzentralen.

STROMNACHZAHLUNGEN – IMMER KORREKT BERECHNET?

Marktcheck-Zuschauer Jörg D. traute seinen Augen kaum, als er seine Jahresabrechnung 2019 erhielt: 9.477 kWh soll er mit seiner Ehefrau verbraucht haben – mehr als drei Mal so viel wie die Jahre zuvor! Stolze 1.324 Euro sollte er dafür jetzt nachzahlen. Mehrere Monate lang versucht er, den Sachverhalt mit dem Stromanbieter aufzuklären, doch der beharrt auf der Nachzahlung. Erst als Herr D. sich an Marktcheck wendet, reduziert der Anbieter die Forderung – auf nun 20 Euro! Sein Stromanbieter hatte den Verbrauch einfach geschätzt, und das offensichtlich viel zu hoch.

Bei einem anderen Marktcheck-Zuschauer sollte der Stromverbrauch laut seinem Energieanbieter plötzlich das Dreifache des vorherigen Durchschnittsverbrauchs betragen. Der Grund: Auch in diesem Fall hatte der Energieversorger den Verbrauch in den Vorjahren einfach geschätzt, statt den Zählerstand abzulesen, und die Rechnung in den Vorjahren damit offenbar deutlich zu niedrig angesetzt!

Schätzen statt ablesen – darauf greifen inzwischen zahlreiche Anbieter zurück. Schätzungen sind erlaubt, wenn der Zählerstand nicht abgelesen werden kann, etwa weil der Kunde zum Termin nicht zuhause war. Ob der Stromverbrauch geschätzt, abgelesen oder errechnet wurde, muss auf der Rechnung übrigens nicht angegeben werden. Wird der Verbrauch über mehrere Jahre hinweg geschätzt, kann sich jedoch ein ho-

Flattert eine Nachzahlung ins Haus, sollten Sie diese nicht blind begleichen …

… sondern erstmal genau überprüfen, ob nicht irgendwo ein Fehler unterlaufen ist.

her Rückstand ansammeln, und das kann fatale Folgen für die Kunden haben: Teilweise müssen tausende Euro nachgezahlt werden, und das mit meist kurzen Fristen.

VERBRAUCHER-TIPP

- ! Lesen Sie Ihren Zählerstand selbst ab, machen Sie ein Beweisfoto davon und melden Sie ihn selbst an den Versorger. So können Sie Ihre Rechnung später besser überprüfen.
- ! Wenn Sie Zweifel an der Höhe der Stromrechnung haben, kontrollieren Sie den abgerechneten Preis, den auf der Rechnung angegebenen Zählerstand und den berechneten Verbrauch. Falls der Stromanbieter hier einen offensichtlichen Fehler gemacht hat, widersprechen Sie der Rechnung.
- ! Sollte Ihre Stromrechnung plötzlich mehr als doppelt so hoch sein wie die Abrechnungen in den Vorjahren, sollten Sie Widerspruch einlegen und Ihren Stromanbieter auffordern, Ihren Zähler zu überprüfen: Auch ein fehlerhaftes Gerät kann Ursache einer falschen Berechnung sein.
- ! Falls eine berechtigte, hohe Nachforderung eingeht, versuchen Sie, mit dem Anbieter eine Ratenzahlung zu vereinbaren.
- ! Haben Sie Zweifel an der Richtigkeit der Schätzung, fordern Sie bei Ihrem Anbieter Belege ein. Reagiert dieser nicht, kann die Schlichtungsstelle weiterhelfen (s. S. 145).

KONFLIKTE MIT DEM ENERGIEANBIETER – HIER WERDEN SIE GEHOLFEN

Wenn der Energieanbieter sich bei Konflikten „totstellt", scheint man machtlos ...

... doch es gibt glücklicherweise ein paar Stellen, die Hilfe bieten.

So etwas ist selbst unserem Marktcheck-Reporter noch nicht untergekommen: Ein Zuschauer soll eine Stromrechnung zahlen für eine Wohnung, die ihm nicht gehört und die er auch nicht bewohnt. Mehrfach hat er das dem Energieversorger mitgeteilt, doch der reagiert nicht. Schließlich gibt es sogar Post von einem Inkassobüro, aus der Forderung von 89 Euro sind 116 Euro geworden und es wird mit einem Schufa-Eintrag gedroht! Doch was tun, wenn keine Klärung möglich ist?

Glücklicherweise kann unser Reporter helfen und es stellt sich heraus, dass beim Stromanbieter etwas gehörig schief gelaufen ist. Er zieht seine Forderung zurück und unser Zuschauer kommt zu seinem Recht (und erhält als Entschädigung auch noch einen Einkaufsgutschein). Manchmal muss man sich also wehren!

Und das ist absolut legal, denn: Als Verbraucher hat man nach §111a Energiewirtschaftsgesetz (EnWG) einen gesetzlichen Anspruch auf ein Beschwerdeverfahren bei seinem Energieversorger, z. B. wenn eine Abrechnung zu hoch ist. Auf so eine Beschwerde muss das Unternehmen innerhalb von vier Wochen nach Eingang antworten. Tut es das nicht, besteht die Möglichkeit, eine sogenannte negative Feststellungsklage beim Amtsgericht zu erheben. Und wenn es zwar reagiert, der Beschwerde jedoch nicht folgt, muss es den Verbraucher auf die Möglichkeit eines Schlichtungsverfahrens bei der Schlichtungsstelle Energie e.V. hinweisen.

Schlichtungsstelle Energie e.V.

verbraucherzentrale

VERBRAUCHER-TIPP

! Einen Vordruck für die Verbraucherbeschwerde nach §111a EnWG finden Sie bei der Bundesnetzagentur.

! Kommt es gar zu einer negativen Feststellungsklage, müssen Sie als Kunde das Unternehmen zunächst schriftlich auffordern, dass es unterlassen soll, Ihnen eine unberechtigte Forderung zu stellen, und diese Unterlassung zu bestätigen. Setzen Sie dafür eine Frist. Bestätigt das Unternehmen die Unterlassung nicht fristgerecht, können Sie beim Amtsgericht die negative Feststellungsklage erheben. Dazu bedarf es keines Anwalts, Sie können sich von der Geschäftsstelle des Gerichts bei der Formulierung unterstützen lassen. Bezahlt werden müssen lediglich die Gerichtskosten, und diese erhalten Sie vom Antragsgegner zurück, wenn die Klage erfolgreich ist.

! Hilfe bei Streitigkeiten zwischen Verbrauchern und Energieanbietern bietet außerdem die unabhängige und neutrale Schlichtungsstelle Energie e.V. Voraussetzung: Der Verbraucher hat sich bei seinem Anbieter beschwert und dieser hat nicht reagiert.

! Zudem bieten mehrere Verbraucherzentralen, z. B. in Baden-Württemberg, Rheinland-Pfalz und dem Saarland, eine spezielle, kostenlose Energiekostenberatung an, um Energiekosten zu senken, bei Problemen mit der monatlichen Abschlagszahlung, bei hohen Nachzahlungen für Strom oder Gas oder auch wenn der Anbieter mit einer Stromsperre droht.

4.

BAUEN & MIETEN

DER ENERGIEAUSWEIS – EINIGES ZU BEACHTEN

Vermieter und Verkäufer von Immobilien aufgepasst: Seit Mai 2014 gehört der Energieausweis nach §16a Energieeinsparverordnung (EnEV) zu den Pflichtangaben in Immobilieninseraten. Fehlende Energieangaben stellen eine Ordnungswidrigkeit dar. Zur Ahndung einer solchen sind bei privater Vermietung oder Verkauf aber nur die Behörden berechtigt – und sie machen davon nur selten Gebrauch –, niemand sonst. Umso erstaunlicher, dass so mancher unwissende Vermieter, der eine Anzeige ohne diese Angaben geschaltet hat, plötzlich Post von einer Anwaltskanzlei bekommt …

Eigentlich wollte ein Marktcheck-Zuschauer aus Karlsruhe nur seine kleine Einliegerwohnung neu vermieten und inserierte sie in einer Tageszeitung und im Wochenblatt. Doch statt eines potentiellen neuen Mieters meldete sich ein Rechtsanwalt mit einer Abmahnung: Rund 900 Euro rief er auf, weil in der Anzeige Angaben aus dem Gebäudeenergieausweis fehlen würden. Die Kanzlei berief sich dabei auf einen Verstoß gegen das Wettbewerbsrecht. Allerdings: Das Wettbewerbsrecht gilt nur für Unternehmen, nicht aber für Privatleute, und eine wettbewerbsrechtliche Abmahnung ist darum nur bei geschäftlichem Handeln rechtens. Der örtliche Haus- und Grundeigentümerverband vermutet, dass hinter solchen Abmahnungen ein Geschäftsmodell steckt, mit dem Privatvermietern das Geld aus der Tasche gezogen werden soll. Der Karlsruher Vermieter jedenfalls hat der Abmahnung widersprochen und nicht bezahlt. Und er ist damit durchgekommen!

Was stimmt: Seit 2009 ist der Energieausweis verpflichtend für Hausbesitzer, die ein Haus oder eine Wohnung verkaufen oder neu vermieten wollen. Auch wenn Sie ein Haus neu bauen, benötigen Sie einen Energieausweis. Energieausweise sind 10 Jahre gültig und müssen dann erneuert werden. Der Energieausweis gibt Auskunft über die Energieeffizienz eines Hauses oder einer Woh-

Fehlen in einer Immobilienanzeige von privat Angaben zum Energieausweis, ist das eine Ordnungswidrigkeit …

… doch zur Ahndung sind ausschließlich die Behörden berechtigt, keine wildfremden Anwälte.

nung. Es gibt dabei zwei Arten von Ausweis, die sich in der Ermittlung der Energiekennwerte unterscheiden, und je nach Baujahr und Anzahl der Wohneinheiten kann eine bestimmte Ausweisart vorgeschrieben sein:

- Bedarfsausweis: Beim Bedarfsausweis wird der Energiebedarf anhand des baulichen Zustands des Gebäudes und der Heizanlage berechnet.
- Verbrauchsausweis: Dieser beruht auf den Energieverbräuchen der jeweils vergangenen 3 Jahre und gibt den Heizenergieverbrauch pro m^2 Fläche an. Er ist in der Regel günstiger, allerdings auch weniger aussagekräftig als der Bedarfsausweis.

VERBRAUCHER-TIPP

! Bei Wohnungs- oder Hausinseraten müssen die wichtigsten Kenndaten des Ausweises angegeben werden, z. B. die Art des Ausweises, der Energiebedarf und -verbrauch, der Energieträger und die Art der Heizung. Wurde der Ausweis nach dem 01.04.2014 ausgestellt, muss auch die Effizienzklasse angegeben werden.

! Nur wenn Sie Ihr Wohneigentum per Aushang an einem Schwarzen Brett inserieren oder wenn der Energieausweis noch nicht vorliegt, dürfen die Angaben fehlen.

! Sie müssen den Energieausweis spätestens bei Besichtigung des Objekts vorlegen. Fordert ein Interessent den Energieausweis bereits im Vorfeld an, muss ihm dieser ausgehändigt werden.

! Wenn Sie Ihre Immobilie energieeffizient umbauen lassen möchten, lassen Sie sich Sanierungsmöglichkeiten durch einen Gebäudeenergieberater aufzeigen. Die Beratung wird vom Bund finanziell gefördert.

HANDWERKER-DIENSTLEISTUNGEN – SO WIRD'S GUT!

Ärger mit Handwerkern gibt es immer wieder ...

... doch vieles lässt sich schon im Vorfeld vermeiden.

Die Inanspruchnahme von Handwerkern ist ein beliebtes Thema bei Marktcheck, denn damit hat so gut wie jeder Verbraucher schon Erfahrungen gemacht – und nicht immer nur gute! Zur Vorbeugung klären wir regelmäßig auf: Wie findet man einen guten Handwerker? Welche Rechte und Pflichten haben beide Seiten? Was passiert, wenn etwas schiefging? Und an wen kann ich mich wenden, wenn es Konflikte gibt?

Grundsätzlich gilt: Bevor man einen größeren Auftrag erteilt, sollte man mehrere Angebote bzw. Kostenvoranschläge einholen. Kostenvoranschläge sind allerdings nicht verbindlich, der tatsächliche Preis kann am Schluss um bis zu 15–20 % höher liegen. Stellt ein Handwerker während der Arbeiten fest, dass die Mehrkosten darüber hinausgehen, muss er das unverzüglich mitteilen. Sie können den Vertrag dann kündigen. Preissicherheit bietet nur ein Angebot mit Festpreis, der aber in der Regel höher liegt.

Schließt man einen Vertrag ab, sollten darin alle geplanten Arbeiten samt Preisen festgehalten sein. Nach Abschluss der Arbeiten ist das Ergebnis zu prüfen, ggf. durch Fachleute. Eventuelle Mängel müssen sofort dokumentiert werden. Der Handwerker muss Mängel innerhalb eines angemessenen Zeitraums und kostenlos beheben. In der Rechnung sollten alle Lohn-, Fahrt- und Materialkosten einzeln aufgeführt sein. Auf keinen Fall sollte sie bar bezahlt werden, denn dann lässt sie sich nicht steuerlich geltend machen.

Übrigens: Handwerker „schwarz" zu beschäftigen, ist riskanter, als viele denken – und das gilt auch, wenn Steuern durch eine „Pauschalpreisvereinbarung" hinterzogen werden. Abgesehen davon, dass Schwarzarbeit nicht legal ist, ist man als Kunde auch nicht geschützt im Falle von mangelhaft oder falsch ausgeführten Arbeiten, denn: Laut einem Urteil des Bundesgerichtshofs von 2013 gibt es bei Schwarzarbeit keine Gewährleistungsansprüche, ein solcher Vertrag sei nichtig. Das heißt konkret: Der Kunde kann sein Geld nicht zurückfordern, wenn der Handwerker gepfuscht hat, und er bleibt im Zweifel auch auf den Nachbesserungskosten sitzen. Und auch der Handwerker kann bei Schwarzarbeit zum Geschädigten werden: Will der Kunde z.B. verbautes Material nicht bezahlen, hat auch er keinerlei rechtliche Ansprüche.

VERBRAUCHER-TIPP

! Achten Sie bei der Wahl des Handwerkers auf Qualifikationen: Handelt es sich um einen Innungs- oder einen Meisterbetrieb? Ist der Betrieb bei einer Handwerkskammer gemeldet?

! Klären Sie, ob der Handwerksbetrieb eine Betriebshaftpflichtversicherung hat für den Fall, dass Schäden entstehen, auch bei anderen: Falls der Verursacher nämlich nicht zahlen kann, muss ansonsten die Haftpflicht des Auftraggebers einspringen.

! Prüfen und vergleichen Sie Angebote genau: Sind auch Vor- und Nacharbeiten berücksichtigt?

! Wenn Sie Fachleute zur Begutachtung von Handwerker-Dienstleistungen benötigen, wenden Sie sich an die örtliche Handwerkskammer.

! Falls Mängel festgestellt werden, leiten Sie die Dokumentation dieser an den Handwerksbetrieb weiter und setzen Sie schriftlich eine angemessene Frist zur Behebung dieser Mängel. Kommt die Firma dem nicht fristgerecht nach, dürfen Sie ein anderes Unternehmen damit beauftragen. Begleichen Sie die Rechnung in jedem Fall erst dann vollständig, wenn alle Arbeiten zu Ihrer Zufriedenheit ausgeführt sind!

! Wenn Konflikte auftreten, die im persönlichen Kontakt nicht gelöst werden können, ist die Universalschlichtungsstelle des Bundes in Kehl zuständig. Rechtlichen Rat bieten auch die Verbraucherzentralen.

HANDWERKER-ABZOCKE – VON DACHHAIEN UND DER TEERMAFIA

Gute Handwerker sind nicht leicht zu finden (s. S. 150) und können meistens auch nicht auf die Schnelle loslegen. Umso verdächtiger, wenn sie plötzlich vor der Tür stehen und ihre Dienste anbieten! Besonders verbreitet ist diese Form der Abzocke im Bereich Teerarbeiten und Dachreparaturen. Hier ist ein gesundes Misstrauen mehr als angebracht …

Die Masche ist immer die gleiche: Im Fall der Teerbetrüger haben die Arbeiter noch Asphalt von einem anderen Auftrag übrig, den sie nun vor Ort zum Spezialpreis verarbeiten könnten. Vertreter der „Dachhaie" hingegen weisen potentielle Auftraggeber in der Regel darauf hin, ihr Dach wäre angeblich undicht, das müsse behoben werden.

Ein Marktcheck-Zuschauer etwa bekam von der sogenannten Teermafia ein Angebot an der Haustür. Trotz Schnellcheck der Firma übers Internet und obwohl sich der Zuschauer eine Kopie des Personalausweises seines Gegenübers macht, wird auch er zum Opfer. Ausgemacht ist die Asphaltierung von 400 m^2, gemacht werden 800 m^2 – und das soll natürlich auch viel mehr kosten, nämlich statt 6.000 Euro stolze 16.000 Euro! Der Auftraggeber weigert sich zu zahlen, auf massiven Druck der Arbeiter hin bezahlt er schließlich aber doch zumindest 12.000 Euro. Die Männer wollen das Geld in bar, gegen Quittung. Die Rechnung soll angeblich per Mail folgen –

Supergünstige Handwerker, die ihre Dienste per sofort an der Haustür anbieten, klingen verlockend …

… doch hierbei handelt es sich in aller Regel um Betrüger!

doch sie kommt nie an und die Männer verschwinden auf Nimmerwiedersehen. Die Dokumente, die sie dem Auftraggeber vorher gezeigt haben, sind alle gefälscht, und ein Experte stellt fest: Die Arbeit ist äußerst schlampig ausgeführt und ihr Geld nicht wert.

Teerbetrüger wie diese sind übrigens meist in den Sommermonaten unterwegs und kommen meist aus Großbritannien oder Irland. Sie zu fassen, ist kompliziert, denn von den Arbeitern ist häufig nur die Handynummer bekannt, und wenn ein Firmenname genannt wurde, ist dieser oft falsch: Die Täter geben oftmals die Namen bestehender Firmen an, die gar nichts mit ihnen zu tun haben. Immer wird mit unschlagbar günstigen Preisen gelockt, und immer kommt hinterher die böse Überraschung in Form eines wesentlich höheren Betrags. Hinzu kommt: Statt hochwertigem Asphalt wird oft günstiger Splitt verarbeitet, die Ausführung ist qualitativ schlecht, und meist muss nach kurzer Zeit noch einmal saniert werden.

In einem anderen Fall gibt der Vater eines Marktcheck-Zuschauers eine Dachsanierung für 25.000 Euro in Auftrag – per Unterschrift auf einem handgeschriebenen Vertrag, mit dem er an der Haustür überrumpelt wird. Später stellt ein Gutachter fest: Die Arbeit ist fachlich mangelhaft, längerfristig müsse sogar mit Schäden gerechnet werden, und entgegen den Vorschriften der Energieeinsparverordnung sei das Dach auch nicht gedämmt worden. Natürlich ist auch der Preis völlig überteuert.

VERBRAUCHER-TIPP

! Auch wenn am Dach kleine Reparaturen notwendig sind oder andere Schäden am Haus bestehen, die behoben werden müssten: Lassen Sie sich niemals übereilt an der Haustür dazu drängen, Aufträge zu vergeben, selbst wenn man Ihnen angebliche Beweisstücke wie zerbrochene Ziegel oder morsche Holzstücke präsentiert oder besonders günstige „Saisonangebote" offeriert.

! Holen Sie sich vor einer Auftragserteilung immer ein zweites Angebot eines Handwerkbetriebs vor Ort ein!

! Lassen Sie sich nicht in falscher Sicherheit wiegen durch den Hinweis auf das Rücktrittsrecht bei Haustürverträgen: In der Regel beginnen die vermeintlichen Handwerker umgehend mit ihrer Arbeit, und dann greift dieses nicht mehr.

! Wenn Sie bereits einen Auftrag erteilt haben: Zahlen Sie auf keinen Fall in bar, auch wenn Sie dazu gedrängt werden. Es gibt keine Verpflichtung, solche Arbeiten bar zu bezahlen (sogar im Gegenteil, s. S. 150).

! Wenn Sie sich unter Druck gesetzt fühlen, rufen Sie die Polizei!

! Und schließlich: Sollten Sie den Verdacht haben, dass Menschen mit betrügerischer Absicht in Ihrer Gegend unterwegs sind, warnen Sie die Nachbarschaft und informieren Sie die Polizei!

WANDFARBE – GEFÄHRLICHE ISOTHIAZOLINONE

Konservierungsstoffe können sogar in Wandfarbe allergische Reaktionen auslösen …

… achten Sie daher darauf, welche Farbe Sie in Ihrem Zuhause verwenden.

Eigentlich wollte Annelie W. nur ihre Wohnräume neu streichen lassen. Doch danach bekommt sie plötzlich starke gesundheitliche Probleme: Ihre Gesichtshaut brennt, der Rachen ist geschwollen und jeder Atemzug schmerzt. Der Verdacht ihres Arztes: Eine schwere allergische Reaktion, ausgelöst durch Isothiazolinone, die Konservierungsstoffe in der verwendeten Wandfarbe. Bei Frau W. ist die allergische Reaktion so stark, dass in den neu gestrichenen Räumen den Putz bis aufs Mauerwerk abgeschlagen werden muss. Kostenpunkt: mehrere tausend Euro.

Isothiazolinone sind Konservierungsmittel, die gegen eine Vielzahl von Keimen und Pilzen einsetzbar sind. Sie finden sich vor allem in Produkten, die Wasser enthalten, z.B. Farben und Lacke, aber auch Reinigungsmittel wie Geschirrspüler, Bodenreiniger, Flüssigwaschmittel und Kosmetika. Immer mehr Menschen reagieren allergisch auf diese Stoffe, Experten schätzen, dass in Deutschland heute rund ein bis zwei Millionen Menschen betroffen sind. Das wird vor allem auf den breiten Einsatz von Methylisothiazolinon in Kosmetikprodukten ab etwa 2010 zurückgeführt, wo es als Ersatz für die umstrittenen Parabene (s. S. 68) und teilweise in viel zu hoher Konzentration verwendet wurde. Schon in geringer Konzentration kann Methylisothiazolinon (wie auch andere

Konservierungsstoffe) eine Kontaktallergie auslösen.

Nachdem die Folgen nun bekannt sind, dürfen seit 2017 Isothiazolinone nur noch in abwaschbaren Kosmetikprodukten und in geringer Konzentration eingesetzt werden; in Hautcremes ist das Konservierungsmittel komplett verboten. Für andere Produkte wie Farben und Reinigungsmittel gilt jedoch kein Verbot, und hier gibt es auch keinen Grenzwert. Dabei hat sich gezeigt, dass bei Wandfarben, die Isothiazolinone enthalten, auch nach Trocknung höhere Konzentrationen des Stoffes in der Raumluft über einen längeren Zeitraum nachweisbar sein können.

VERBRAUCHER-TIPP

Ob Sie nun nachweislich eine Allergie gegen Isothiazolinone haben oder nicht:

! **Greifen Sie beim Farbenkauf auf konservierungsmittelfreie Produkte zurück.** Farben, die den Blauen Engel tragen, sind emissions- und schadstoffarm **und dürfen ab 2021 keine bzw. nur noch geringste Mengen an Isothiazolinonen enthalten.**

! Schauen Sie nach, ob auf dem Etikett der Begriff „VdL-RL 01" angegeben ist. **Gemäß dieser Richtlinie des Verbands der deutschen Lack- und Druckfarbenindustrie e. V. (VdL) wird der Einsatz gesundheitsbedenklicher Stoffe in diesen Produkten vermieden und die Inhaltsstoffe sind deklariert.**

! **Vermeiden Sie Farben und Lacke, auf denen die Warnung „Kann allergische Reaktionen auslösen" zu lesen ist: Diese Produkte können hohe Konzentrationen an Isothiazolinonen enthalten.**

5.

ONLINE & UNTERWEGS

ONLINE EINKAUFEN – DAS SIND IHRE RECHTE

Zugegeben: In den meisten Fällen läuft Online-Shopping völlig problemlos. Doch wie sieht die Rechtslage aus, wenn es doch mal zum Streit zwischen Käufer und Verkäufer kommt? Es verhält sich nämlich häufig anders, als so mancher Verbraucher denkt. Die wichtigsten Regeln finden Sie hier zusammengefasst.

1. Wann kommt ein Kaufvertrag zustande? Viele Verbraucher glauben, bereits durch die Bestellung – und sind enttäuscht, wenn ein Verkäufer eine Bestellung storniert, obwohl sie bereits eine Bestellbestätigung erhalten haben. Allerdings ist eine Bestellbestätigung kein Kaufvertrag, sondern sie besagt einfach nur: Danke für Ihr Angebot. Vom Verkäufer gilt dieses Angebot erst als angenommen, so auch z.B. ein Urteil des Amtsgerichts München im Jahr 2010, wenn

- er eine Auftragsbestätigung verschickt oder
- er den Käufer informiert, dass die Ware verschickt worden ist.

Allerdings muss der Händler den Kunden sofort über etwaige Lieferbeschränkungen informieren, wenn dieser den Artikel in den Warenkorb legt. Unter Lieferbeschränkungen fallen z.B. Länder und Regionen, in die nicht geliefert werden kann, oder der Umstand, dass der Artikel nicht mehr vorrätig ist.

Das spätere Zustandekommen des Kaufvertrags greift auch, wenn der Händler versehentlich einen falschen Preis ausgewiesen hat. Im konkreten Fall bot ein Händler einen DVD-Player irrtümlicherweise für 1 Cent an. Da durch die Bestellung kein Kaufvertrag zustande kam, hatte der Kunde keinen Anspruch auf die Ware – so urteilte das Amtsgericht Frankfurt a.M. 2009. Anders verhält es sich jedoch bei eBay: Hier macht der Verkäufer durch das Einstellen des Produkts bereits ein Angebot, und durch das Klicken auf „Sofort kaufen“ kommt der Kaufvertrag zustande.

Beim Online-Kauf haben Verbraucher häufig mehr Rechte als gedacht ...

... doch an ein paar Regeln muss man sich dafür schon halten.

2. Lockangebote sind verboten. Immer wieder entdeckt man bei Online-Angeboten den Hinweis, es seien nur noch wenige Artikel auf Lager, manchmal sogar ganz konkret formuliert, z. B. „nur noch 8 Artikel verfügbar“. Laut gängiger Rechtsprechung geht der Verbraucher hier davon aus, dass solche Aussagen stimmen, weil das Angebot ständig aktualisiert werden kann. Wirbt ein Händler also mit einer derartigen Aussage, kann er nach Abschluss des Kaufvertrags nicht plötzlich behaupten, das Produkt sei nicht mehr vorrätig. Er muss vorher darüber aufklären, wenn er nicht in der Lage ist, das Produkt wie beworben zu liefern, wie z. B. ein Urteil des Oberlandesgerichts Hamm 2015 besagt.

3. Bei Online-Käufen von gewerblichen Händlern gilt dasselbe Widerrufsrecht wie bei Haustürgeschäften (s. S. 153) oder Telefonkäufen: Sie können den Vertrag innerhalb von 14 Tagen nach Erhalt der Ware ohne Angabe von Gründen widerrufen. Es muss also keine Reklamation vorliegen, sondern es reicht, dass Sie das Produkt nun doch nicht haben wollen – anders als im stationären Handel, wo ein Umtausch wegen Nichtgefallen reine Kulanz ist. Hat der Verkäufer Sie nicht über Ihr Widerrufsrecht informiert, verlängert sich die Frist für den Widerruf sogar auf 1 Jahr und 14 Tage. Und Sie dürfen bei einem Widerruf auch nicht mit einem Gutschein abgespeist werden.

Doch Vorsicht: Es gibt bestimmte Warengruppen, für die das Widerrufsrecht nicht gilt, z. B. besonders verderbliche Ware oder Produkte in einer (klar erkennbar) versiegelten Verpackung, sobald die Versiegelung entfernt wurde, etwa CDs, DVDs oder Hygieneartikel.

4. Retouren müssen nicht in Originalverpackung verschickt werden. Bereits mehrfach haben sich Gerichte mit diesem Thema befasst. Die Antwort lautet z.B. laut dem Landgericht Düsseldorf 2006: Das würde den Kunden in der Ausübung seines Widerrufsrechts benachteiligen.

5. Ausgepackte Produkte dürfen zurückgeschickt werden. Immer wieder argumentieren Verkäufer zwar, dass es durch das Auspacken und Ausprobieren zu einem Wertverlust der Ware komme und deshalb der Widerruf nicht mehr möglich sei. Doch davon sollten Sie sich nicht beirren lassen. So hat etwa der Bundesgerichtshof 2010 im Fall eines Wasserbetten-Kaufs entschieden, dass der Kunde den Wertverlust nicht ersetzen muss.

6. Gelieferte Ware muss dem Bild entsprechen. Wird ein Produkt beispielsweise mit Zubehör abgebildet, muss dieses mitgeliefert werden, sonst handelt es sich laut einem Urteil des Oberlandesgerichts Hamm 2015 um eine Irreführung des Verbrauchers. Die Eigenschaft eines Produkts ergibt sich im Zusammenhang aus dem Produktbild und der ergänzenden Produktbeschreibung. Gerade bei eBay wird immer wieder Gebrauchtware mit Fotos von Neuware beworben. In diesem Fall muss in der Produktbeschreibung deutlich darauf hingewiesen werden, dass das abgebildete Bild nicht die verkaufte Ware zeigt und darauf, dass hier Gebrauchtware verkauft wird.

!

VERBRAUCHER-TIPP

! **Wenn Sie von Ihrem Widerrufsrecht Gebrauch machen möchten, müssen Sie den Verkäufer über den Widerruf informieren, am besten schriftlich. Danach können Sie die Ware an ihn zurücksenden – rein rechtlich auf Ihre Kosten, aber viele Händler erklären sich freiwillig bereit, die Rücksendekosten zu übernehmen.**

! **Tatsächlich: Sie dürfen Kleidung, Elektronikartikel oder sogar Matratzen zur Anprobe auspacken und sogar ausprobieren. Das Widerrufsrecht wird dadurch nicht eingeschränkt.**

! **Als Verkäufer sollten Sie vorsichtig sein mit der Verwendung von Originalbildern, die Sie irgendwo aus dem Internet kopieren: Dabei kann es leicht zu Urheberrechtsverletzungen kommen. Deshalb besser den Artikel selbst abfotografieren.**

FAKE-SHOPS – SO ERKENNEN SIE BETRÜGER

Beim Einkaufen im Internet kann man nicht misstrauisch genug sein ...

... doch mit ein bisschen Vorsicht ist man meist auf der sicheren Seite.

Online-Shopping ist sehr beliebt – das wird leider von Betrügern ausgenutzt, die „falsche" Internet-Shops einrichten. Das Geschäftsmodell ist im Grunde ganz einfach: Sie zahlen, aber die Ware wird nie geliefert ... Wie kann man sich schützen?

Fake-Shops sind oft gar nicht so leicht zu erkennen. Um das zu zeigen, machen wir ein Experiment und bauen unseren eigenen Fake-Shop, ohne auch nur ein einziges Produkt zum Verkaufen zu besitzen. Wir wollen herausfinden, ob sich tatsächlich Kunden finden, die bereit sind, unsere nicht vorhandenen Produkte zu kaufen und uns dafür vorab Geld zu überweisen. Wir verwenden eine frei im Netz verfügbare „Shop-Software" und kopieren für die Präsentation unserer angeblichen Produkte einfach Produktbilder von den Seiten der Hersteller oder von anderen Webseiten. Genauso machen wir es mit Gütesiegeln (hier binden wir die Logos ein, obwohl wir keine Zertifikate haben) und Bewertungen. Es gelingt uns sogar, die Seite ganz oben auf der Google-Trefferliste zu platzieren. Und zum Schluss der wichtigste Köder: die Preise. Wir sind natürlich unschlagbar günstig!

Tatsächlich gehen innerhalb weniger Tage Bestellungen für mehrere tausend Euro bei uns ein. Und alle Käufer sind bereit, per Vorkasse zu zahlen! Für Produkte, die wir niemals liefern können ... Selbstverständlich haben wir das Experiment an dieser Stelle abgebrochen. Aber es zeigt: Betrüger haben leichtes

Spiel, weil viele User zu gutgläubig sind und sich von Schnäppchenpreisen locken lassen.

Außerdem arbeiten viele Fake-Shops zusätzlich mit weiteren Tricks:

- Sie liefern z. B. nicht gar nichts, sondern minderwertige Ware.
- Sie täuschen Lieferschwierigkeiten vor und vertrösten den Käufer immer wieder, um zu verhindern, dass die Behörden eingeschaltet oder rechtliche Schritte eingeleitet werden.
- Sie bieten Produkte an, die bei anderen Händlern ausverkauft sind, um Kunden anzulocken.
- Sie nutzen die Internetadressen bekannter Marken und fügen eine weitere Domain-Endung wie .de.com hinzu, oder sie registrieren eine Internetadresse, die der originalen Domain sehr ähnelt, z. B. Adidass.de oder Amazon1.de. Doch Achtung: Auch die Endung .de bei Internetadressen von Shops bietet keinerlei Sicherheit für Käufer. Domains kann jeder einfach kaufen und verkaufen! Zuständig für die Vergabe von .de-Domains ist die Denic, ein Zusammenschluss von Internet-Dienstleistern. Dort sieht man sich für Kontrollen aber nicht zuständig. Wer einen neuen Shop eröffnen will, muss keinerlei Unterlagen vorlegen oder seine Identität prüfen lassen; nicht mal ein Post-Ident-Verfahren, wie es z. B. zur Eröffnung eines Bankkontos notwendig ist, muss durchlaufen werden.
- Sie geben kein oder nur ein unvollständiges Impressum an – aufgeführt werden müssen die Adresse, ein Vertretungsberechtigter und eine E-Mail-Adresse oder eine Telefonnummer –, oder sie fälschen das Impressum bzw. geben gestohlene Identitäten an.
- Sie bieten, manchmal begründet mit „technischen Problemen", ausschließlich Zahlung per Vorkasse an. Häufig gibt es zu Beginn des Bestellvorgangs mehrere Zahlungsmöglichkeiten, doch bei der eigentlichen Bestellung ist dann nur noch Vorkasse möglich.
- Sie geben nur eine ausländische Bankverbindung an.
- Sie versuchen, den Käufer von dem gesicherten System, in dem man sie gefunden hat, wie z. B. dem Amazon Marketplace, wegzulocken. Zahlreiche Käufer bei Amazon Marketplace etwa erhielten von einem vermeintlichen Verkäufer über die Amazon-Marketplace-Mailadresse die Nachricht, dass die Zahlung abgelehnt worden sei. Deshalb solle der Kaufpreis direkt auf das Konto des Verkäufers überwiesen werden. Da die Nachricht über eine Amazon-Marketplace-Adresse verschickt wurde, schöpften viele keinen

Verdacht und kamen der Aufforderung nach. Doch Achtung: Wird das Geld nicht über das interne Bezahlsystem überwiesen, entfällt der Amazon-Käuferschutz! Das Geld ist in diesem Fall weg.

VERBRAUCHER-TIPP

! Lassen Sie sich nicht von niedrigen Preisen verführen.

! Informieren Sie sich vor einer Bestellung über den Händler: Geben Sie den Namen des Shops in eine Suchmaschine ein, fügen Sie „Erfahrungen" hinzu.

! Checken Sie Webseiten, auf denen Fake-Shops aufgelistet sind (zu finden über eine Suchmaschinen-Anfrage).

! Klicken Sie auf die Bilder der Gütesiegel: Das zeigt, ob das Logo tatsächlich mit einem Zertifikat verlinkt ist. Ansonsten ist das Siegel einfach kopiert und auf der Webseite eingebaut worden. Auf www.trustedshops.de sind Shops aufgelistet, die ein Siegel erhalten haben. Dort finden Sie auch eine Liste mit Fake-Shops.

! Schauen Sie sich die Internetadresse genau an, außerdem die Allgemeinen Geschäftsbedingungen (AGB) und Widerrufsbedingungen. Letztere sind häufig in schlechtem Deutsch geschrieben und strotzen vor Fehlern.

! Überprüfen Sie das Impressum auf Vollständigkeit und die gemachten Angaben auf Richtigkeit, z. B. mit Hilfe einer Suchmaschine oder mit Karten. Im Zweifel: Den Händler anrufen. Ist er telefonisch nicht zu erreichen? Auch das ist ein schlechtes Zeichen!

! Überprüfen Sie die Handelsregisternummer und Umsatzsteuernummer: über www.handelsregister.de bzw. https://ec.europa.eu/taxation_customs/vies/?locale=de, die Seite der Europäischen Kommission zum

MwSt-Informationsaustauschsystem (MIAS). Sind die angegebenen Nummern nicht oder an einen anderen Namen vergeben, sollten Sie misstrauisch werden.

! Bezahlen Sie nicht per Vorkasse. Es gab schon Fälle, in denen die anderen Zahlungsarten immer wieder „fehlschlugen" und die Kunden dann sogar per Mail aufgefordert wurden, per Vorkasse zu bezahlen. Tun Sie es nicht!

Und wenn Sie doch einmal Opfer eines Fake-Shops wurden oder zumindest den Verdacht haben:

! Wenn Sie bereits Geld überwiesen haben, sind die Chancen, das Geld wiederzubekommen, meist sehr schlecht. Dennoch sollten Sie sofort Ihre Bank kontaktieren und versuchen, die Überweisung noch zu stoppen. Bei anderen Zahlungsarten kann die Zahlung noch bis zu 8 Wochen nach Einzug rückgängig gemacht werden. Auch beim Zahlungsdienstleister PayPal ist es unter Umständen möglich, das Geld zurückzubekommen.

! Haben Sie Ihre Bankdaten eingegeben, lassen Sie Ihre Bankkarte sperren, denn sonst kann es vorkommen, dass die Betrüger diese für weitere Abbuchungen nutzen.

! Haben Sie Ihre Kreditkartendaten eingegeben, sollten Sie Ihre Karte sperren lassen.

! Sichern Sie alle Belege der Online-Bestellung und erstatten Sie Anzeige bei der Polizeidienststelle vor Ort. Auch wenn es häufig schwierig ist, die Betrüger zu fassen, weil sie im Ausland sitzen, kann der Fake-Shop so gelöscht werden.

! Sollten Sie bemerken, dass Ihre Daten missbraucht werden, sollten Sie sich ebenfalls an die Polizeidienststelle vor Ort wenden. Es gab schon Fälle, in denen die Betrüger die eingegeben Daten später für weitere Betrügereien missbraucht haben, z.B. um damit weitere Fake-Shops zu eröffnen.

! Teilen Sie Ihre Erfahrungen im Netz und warnen Sie andere. Passen Sie allerdings auf, dass Sie nur Ihre Erfahrungen schildern und keine Beschuldigungen äußern, die Sie nicht belegen können, sonst können Sie sich selbst angreifbar machen.

FAKE-BEWERTUNGEN – EINFACH GUT EINGEKAUFT

Gehören Sie auch dazu? Jeder zweite Online-Shopper schaut sich laut einer Befragung des Digitalverbands Bitkom im Jahr 2020 vor dem Kauf die Bewertungen anderer Kunden an. Auf einen Blick erkennen, ob etwas gut ist oder nichts taugt – eigentlich eine praktische Sache. Doch weil auch Internethändler wissen, dass sie unsere Kaufentscheidung beeinflussen, haben sich die Bewertungen selbst zu einem lukrativen Geschäftsfeld entwickelt. Die Folge: Unter echte Kundenbewertungen mischen sich immer mehr Fake-Rezensionen.

Auf Sterne als Bewertungsmaßstab treffen wir überall im Internet: bei Reiseportalen, bei jeder Art von Produkten. Sie sind fast schon ein Kulturgut, mit dem wir alle hantieren, sagt der Wirtschaftssoziologe Prof. Oliver Errichiello. Und: Wir vertrauen ihnen! Aber sollte man das wirklich? Eine wissenschaftliche Studie der TU Dortmund von 2018 zeigt, dass durchschnittliche Kundenbewertungen eher ein schlechter Indikator für die Qualität eines Produktes sind. Die Marketingforscher haben bei verschiedenen Elektronikprodukten die Bewertungen von Online-Käufern mit denen von Stiftung Warentest verglichen und dabei festgestellt, dass die Einschätzungen kaum übereinstimmen: Ein Großteil hatte bei Amazon wesentlich höhere Bewertungen als bei Stiftung Warentest. Es gab sogar Produkte, die bei Stiftung Warentest mit ausreichend oder sogar mangelhaft bewertet wurden, bei Amazon aber durchschnittlich 4 oder gar 5 Sterne hatten. Das liegt auch daran, dass die meisten Kunden das gekaufte Produkt direkt nach dem Kauf bewerten – und nur selten wichtige Langzeiterfahrungen zur Qualität und Haltbarkeit in die Bewertungen einfließen.

Für Online-Händler dagegen sind gute Bewertungen entscheidend für den Umsatz. E-Commerce-Experte Markus Fost erläutert, dass innerhalb der ersten 50 Positionen auf einer Handelsplattform

Bewertungen haben großen Einfluss auf unsere Kaufentscheidungen …

… darum werden sie leider auch gefälscht!

rund 90 % der Umsätze stattfinden – und ausschlaggebend für das Ranking sind ein guter Sterne-Durchschnitt und viele positive Kundenbewertungen.

Wie das Geschäft mit den Fake-Bewertungen funktioniert, hat ein Marktcheck-Reporter durch verdeckte Recherchen herausgefunden. Alles begann mit einem Einladungslink, den uns ein Zuschauer geschickt hatte, zu einer speziellen WhatsApp-Gruppe, in der Tester für Produkte gesucht wurden. Unser Reporter hat sich beworben und erlebt, wie das Ganze abläuft: Zunächst kauft man das Produkt über seinen privaten Account. Dann bewertet man es (natürlich) mit 5 Sternen. Anschließend gibt es den Kaufpreis über PayPal zurück. Nach Recherchen von Marktcheck werden allein bei Amazon Marketplace täglich mindestens 4.000 Bewertungen auf diese Weise generiert. Weil die Fake-Bewertungen von privaten Accounts geschrieben werden, sind sie für die Plattformbetreiber kaum als solche erkennbar. Zwar wird mit unterschiedlichen Methoden versucht, Fake-Bewertungen herauszufiltern, doch die angewandten Tools – Algorithmen, Filtermaßnahmen, KI-basierte Software, Expertenteams – erkennen längst nicht alle.

Hier ein paar Anhaltspunkte, wie Sie erkennen können, ob es sich (zumindest sehr wahrscheinlich) um eine Fake-Bewertung handelt:
Fake-Bewertungen

- sind am wahrscheinlichsten unter den 5-Sterne-Bewertungen zu finden – aber auch 1-Sterne-Bewertungen können gefälscht sein: Sie werden eingekauft, um Konkurrenten im Ranking nach unten zu drücken;
- beinhalten meist mehrfach den vollen Produktnamen;
- klingen häufig wie Lobeshymnen und enthalten übertriebene Floskeln;
- liegen sehr wahrscheinlich vor, wenn auf einige schlechte plötzlich sehr viele sehr gute Bewertungen folgen oder wenn ein Produkt bereits kurz nach Verkaufsstart mehrere hundert Rezensionen hat;
- werden in der Regel von sehr „aktiven“ Nutzern verfasst: Schreibt jemand

von einem Account viele positive Rezensionen innerhalb von wenigen Tagen, ist das auffällig.

Das Geschäft mit den Fake-Bewertungen ist lukrativ. Es gibt ausländische Agenturen, die sich auf den Verkauf von Online-Bewertungen spezialisiert haben, alles ist nur eine Frage des Preises – und der ist nicht mal unbedingt hoch: 10 Top-(Fake-)Bewertungen sind schon für 99 Euro zu haben! Manchmal kann man auch Textbausteine für die Bewertung in Auftrag geben, und es gibt sogar Agenturen, die Bewertungen verkaufen, ohne dass die Produkte in Augenschein genommen werden.

VERBRAUCHER-TIPP

! Wenn Sie einen Anhaltspunkt haben möchten, ob ein Produkt gut ist, schauen Sie sich vor allem die 3- oder 4-Sterne-Bewertungen an. Und achten Sie auf die Länge: Je ausführlicher Bewertungstexte geschrieben sind, desto mehr Mühe hat sich der Verfasser gegeben und desto wahrscheinlicher handelt es sich um eine echte Bewertung.

! Schauen Sie sich bei sehr positiven Bewertungen die Profile der Rezensenten an: Dort können Sie erkennen, wie „aktiv" der Nutzer ist.

! Bleiben Sie auch bei schlechten Bewertungen kritisch.

! Überprüfen Sie bei Unsicherheiten Bewertungen z. B. mit Hilfe von www.reviewmeta.com: Einfach den Link des Produktes einfügen. Nach wenigen Sekunden spuckt der Algorithmus ein Ergebnis aus unter Berücksichtigung von beispielsweise Phrasenwiederholungen, verdächtigen Rezensenten, Bewertungstrends und der Anzahl von gelöschten Bewertungen. Ebenfalls hilfreich: Auf der Website wwww.shop4stars.com kann man nach Produkten suchen, und der Algorithmus rechnet dann alle 5-Sterne-Bewertungen heraus und zeigt das Bewertungsergebnis ohne diese an.

! Zweifeln Sie an der Glaubwürdigkeit einer Bewertung, sollten Sie den Plattformbetreiber informieren, z. B. bei Amazon über den Button „Missbrauch melden".

EBAY-KLEINANZEIGEN – DIE GÄNGIGSTEN FALLEN

eBay-Kleinanzeigen gehört zu den größten und beliebtesten Online-Shoppingportalen der Welt. Und es ist ja auch wirklich ziemlich praktisch, dass man dort so gut wie alles (gebraucht) zu einem guten Preis kaufen und verkaufen kann. Der einzige Haken: Im Gegensatz zu einem Stand auf dem Flohmarkt kennt man im Internet seinen Handelspartner nicht. Und wer nicht aufpasst, kann schnell zum Opfer werden! Ein Tipp gleich vorab von mir dazu: Wenn Sie etwas zum Abholen verkaufen, nennen Sie potentiellen Käufern zunächst nur Ort und Straße. Bitten Sie sie, sich eine Stunde vor der vereinbarten Abholzeit telefonisch zu melden. Erst dann geben Sie die vollständige Adresse weiter. Meiner Erfahrung nach trennt sich hier schon die Spreu vom Weizen, denn unzuverlässige Kaufinteressenten melden sich dann eher nicht. So müssen Sie nicht unnütz warten und haben Ihre Kontaktdaten geschützt.

1. Die Masche mit der Abholung. Zunächst klingt alles ganz seriös: Der Käufer bezahlt das Produkt per PayPal und eröffnet dann, dass nicht er selbst, sondern ein Bekannter oder Freund die Ware abholt – so geschehen beispielsweise bei einem Marktcheck-Zuschauer. Der Verkäufer hatte sogar noch vor der Übergabe den Zahlungseingang kontrolliert und erst danach ein iPad und eine Smartwatch an den angeblichen Sohn des Käufers übergeben. Kurz darauf erhielt er eine E-Mail von PayPal, dass das Geld zurückgebucht worden sei: Der vermeintliche Käufer hatte den Käuferschutz auf PayPal aktiviert (s. S. 176). Das heißt, er hat das Geld zurückgezogen mit der Behauptung, er habe die Waren nicht bekommen. Diesen Trick wenden Betrüger immer wieder gerne an, sagt IT-Rechtsexperte Christian Welkenbach. Und wer Ware ohne Quittung übergibt, hat kaum Chancen, die Übergabe zu beweisen.

2. Der Dreiecksbetrug. Hierbei geht der Täter sehr raffiniert vor! Der Betrug ist von den Opfern am Anfang kaum zu

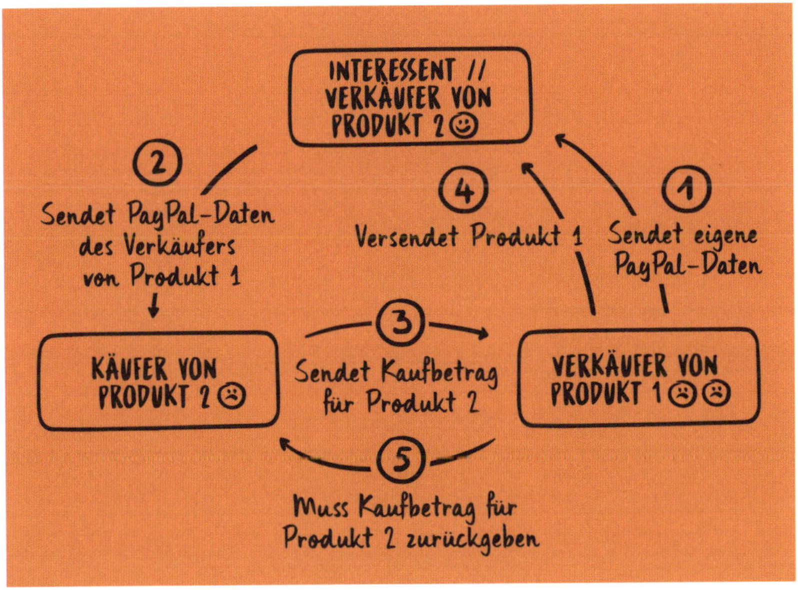

durchschauen. Ein Interessent meldet sich beim Verkäufer von Produkt 1, will das Produkt kaufen, fragt nach den PayPal-Daten (s. S. 176) – und dann geht's los: Der Interessent hat nämlich gar nicht vor, die Ware selbst zu bezahlen. Er lockt vielmehr einen weiteren Nutzer in die Falle, indem er selbst eine Anzeige für das gleiche Produkt (Produkt 2) zum gleichen Preis aufgibt. Meldet sich darauf ein Käufer, gibt er die PayPal-Daten des ersten Verkäufers für die Zahlung an. Der nichtsahnende Käufer von Produkt 2 überweist den Betrag, der Verkäufer von Produkt 1 glaubt, er habe das Geld vom eigentlichen Interessenten bekommen, und schickt ihm Produkt 1 zu. So erhält der Betrüger das gewünschte Produkt 1, bezahlt hat dafür aber der Käufer von Produkt 2. Meist meldet sich dieser Tage später beim Verkäufer von Produkt 1 und beschwert sich, weil die Ware ausbleibt. Am Ende ist meist der Verkäufer von Produkt 1 der Dumme, denn dann greift der PayPal-Käuferschutz und er muss dem Käufer von Produkt 2 das Geld zurückzahlen.

eBay-Kleinanzeigen ist ein superpraktischer Online-Trödelmarkt …

… doch auch hier treiben (Handtaschen-)Diebe aka Betrüger ihr Unwesen!

3. Die Masche mit den Transportkosten. Von diesen rabiaten Machenschaften berichtete uns eine Marktcheck-Zuschauerin und eBay-Kleinanzeigen-Userin, die hochwertige Holzmöbel ihrer verstorbenen Tante zum Kauf angeboten hatte. Schnell meldete sich eine Interessentin aus Schweden, schickte ihr eine Bestätigung der Bank of America über die Überweisung des Kaufpreises und kündigte an, dass eine Spedition die Möbel abhole. Ob die Verkäuferin ihr die Speditionskosten von 300 Euro auslegen könne? Sie erhalte das Geld dann in bar von der Spedition zurück. Als die Verkäuferin sich weigert, wird sie von der vermeintlichen Käuferin unter Druck gesetzt: Die Dame droht ihr mit einer Klage wegen Vertragsbruch und schickt ihr sogar eine Strafandrohung von Interpol.

Mit Drohungen den Verkäufer einzuschüchtern, sei Teil der Masche und von vornherein geplant, sagt Falk Hasenberg vom Landespolizeipräsidium Saarland, wo pro Jahr rund 1.600 ähnliche Fälle eingehen. Er rät, nicht darauf einzugehen und die Konversation abzubrechen.

4. Identitätsdiebstahl. Diese Masche ist die neueste Form der Abzocke auf der Online-Plattform! Und sie ist so perfide, dass selbst erfahrene Nutzer darauf hereinfallen können, so auch die beiden Männer, über die wir bei Marktcheck berichtet haben. Einer wollte eine begehrte Playstation kaufen, der andere ein Fotoobjektiv, und für beide Objekte wurden attraktive Angebote gefunden. Das Geld sollte der Käufer jeweils auf ein Konto bei der Digitalbank N26 überweisen. Den Profilen nach waren beide Verkäufer langjährige eBay-Kleinanzeigen-Nutzer, und sie schickten sogar Fotos ihrer Personalausweise. Das hat die beiden Käufer überzeugt, das Geld wurde überwiesen. Doch danach brach der Kontakt ab und weder die Playstation noch das Fotoobjektiv kamen je an. Und trotz der Ausweisfotos waren die Täter nicht dingfest zu machen. Der Grund dafür: Solche Betrüger verwenden geklaute Identitäten von tatsächlich existierenden Personen! Sie weisen sich einfach mit fremden Personalausweisen aus. Bei einem der geschilderten Fälle wurde der

Ausweis eines Mannes namens Mike aus Rostock verwendet, welcher seinen Ausweis nichtsahnend einmal abfotografiert und an einen eBay-Kleinanzeigen-Verkäufer geschickt hatte, um sich bei einem Kauf auszuweisen. Seitdem wird seine Identität immer wieder von Betrügern eingesetzt! Um den Betrug perfekt zu machen, haben die Betrüger mit seiner Identität auch gleich die entsprechenden Konten angelegt: Allein sieben verschiedene Konten bei der Digitalbank N26 laufen auf Mikes Namen!

Und wie schaffen es die Betrüger, mit einer fremden Identität ein Konto zu eröffnen? Etwa bei der Digitalbank N26 ist eine Kontoeröffnung „in wenigen Minuten" möglich, und ein Versuch von Marktcheck beweist: Schon nach ein paar Angaben erfolgt die Identifizierung per „Video-Ident-Verfahren". Dafür muss man nur ein Foto oder Video von sich selbst machen, einen Personalausweis in die Handykamera halten, kurz warten – und fertig! Und das scheint auch dann zu funktionieren, wenn gefälschte oder geklaute Personalien zur Identifikation verwendet werden.

Außerdem gibt es noch eine Schwachstelle, die es den Betrügern erleichtert, an unser Geld zu kommen. Banken müssen bei Überweisungen unter 1.000 Euro grundsätzlich nicht überprüfen, ob Empfängername und Kontonummer zusammenpassen, erläutert Dr. Ulrich Schulte am Hülse, Fachanwalt für Bankrecht. Somit kann auch ein erfundener oder der Name einer fremden Person als Empfänger angegeben werden. Auf Anfrage erklärte die Digitalbank N26 ebenfalls, ein Namensvergleich werde erst ab 1.000 Euro vorgenommen. Das wissen die Betrüger offensichtlich, denn sie bleiben stets unter diesem Betrag.

Auch wenn eBay-Kleinanzeigen aufgrund von Kundenbeschwerden oder eigenen Sicherheitsüberprüfungen schnell auf solche Anzeigen reagiert und diese sperrt, so finden und schädigen die Betrüger in der Zwischenzeit viele Käufer.

VERBRAUCHER-TIPP

Für die Behörden sei es sehr schwer, solche Täter im Netz zu ermitteln, sagt Liddy Oechtering von der Staatsanwaltschaft Hamburg. Denn häufig bemerken die Geschädigten den Betrug erst nach mehreren Tagen, und dann sind die gespeicherten IP-Adressen meist schon vom Server gelöscht worden. Hinzu kommt: Bei eBay-Kleinanzeigen müssen sich die Nutzer nicht authentifizieren. Darum können Sie sich nur selbst schützen.

Als Verkäufer:

! Wickeln Sie Geschäfte an der Haustür ausschließlich gegen Bargeld ab und lassen Sie sich die Übergabe der Ware schriftlich bestätigen.

! Wenn es um einen sehr hohen Wert geht, kann es sich lohnen, bei PayPal den sogenannten Verkäuferschutz zu beantragen. Dieser ist allerdings kostenpflichtig und greift nicht, wenn man die Ware als Verkäufer persönlich übergibt.

! Vergleichen Sie bei PayPal-Zahlungseingängen, ob die Adresse in den Transaktionsdetails und die Versandadresse übereinstimmen. Stimmen die Daten nicht überein, geht PayPal davon aus, dass die Ware nicht verschickt wurde. Dann greift der Käuferschutz und der Käufer erhält den Kaufpreis zurück.

! Versenden Sie Waren nur mit Versandbeleg und bewahren Sie Lieferscheine und Versandbelege auf. Achten Sie zudem darauf, dass in der Überweisung vom Käufer die Ware richtig benannt ist und versenden Sie nur an die Adresse, die in den Transaktionsdetails angegeben ist. Bei Abweichungen kann ein Betrüger später behaupten, er habe die Ware nie erhalten.

! Gehen Sie bei Transportkosten niemals in Vorkasse. Brechen Sie den Kontakt mit dem Käufer sofort ab, wenn er von Ihnen verlangt, diese Kosten zu übernehmen, und Sie vielleicht sogar bedroht. Und bleiben Sie auch dann misstrauisch, wenn man Ihnen einen Beleg zuschickt, dass die Transportkosten mit dem Kaufpreis überwiesen wurden.

Als Käufer:

! Ist der Verkäufer bereits lange auf eBay-Kleinanzeigen aktiv und hat gute Bewertungen, fasst man in der Regel schnell Vertrauen. Doch im Zweifel sollte man darauf nicht setzen: Es gibt Betrüger, die seriöse User hacken und deren Konten und gute Bewertungen missbrauchen.

! Werden Sie misstrauisch, wenn ein Verkäufer aus eigener Initiative Bilder seines Personalausweises schickt.

! Versenden Sie selbst niemals persönliche Daten wie etwa eine Kopie Ihres Personalausweises oder Führerscheins. Häufig geben Betrüger vor, diese zur Überprüfung Ihrer Identität zu brauchen, doch missbrauchen sie danach unter Umständen für ihre krummen Geschäfte.

! Bezahlen Sie am besten nur über seriöse Bezahldienste wie PayPal (und hier nur über die kostenpflichtige Funktion „Geld für Waren und Dienstleistungen senden“, nicht über das kostenlose „Geld an Freunde und Familie senden“, s. S. 176) oder die eBay-eigene Funktion „Sicher bezahlen“. Die Zahlung an ein deutsches Konto vermittelt normalerweise Sicherheit, jedoch sollten Sie dennoch skeptisch werden, wenn das Geld an eine Digitalbank überwiesen werden soll. Die Digitalbank N26 etwa wird in Online-Foren gerne als „Lieblingskonto für Betrüger“ bezeichnet.

PAYPAL – WIRKLICH SUPERSICHERES BEZAHLEN?

Was PayPal so einfach macht, macht es zugleich auch so risikoreich …

… darum sollten Sie Ihr Konto stets gut im Blick behalten.

„Bequem, schnell und kostenlos" – so wirbt der Zahlungsdienstleister PayPal für seine Dienste. Und tatsächlich ist das Zahlen mit PayPal beim Online-Shopping eine tolle Sache: So muss man nicht überall seine Konto- oder Adressdaten angeben, und zusätzlich genießt man die Sicherheit des inkludierten Käuferschutzes. Doch Vorsicht: Die Vorteile des Dienstes nutzen auch Kriminelle aus.

Einfaches Bezahlen, das ist der Nutzen von PayPal für den Kunden. Doch genau das macht es auch Kriminellen leicht, damit Missbrauch zu treiben. Immer wieder werden PayPal-Konten gehackt und überzogen. Bei einem Marktcheck-Zuschauer etwa wurde das Konto mit fast 2.000 Euro für DHL-Online-Frankierungen belastet! Weil er sich weigerte, das Konto auszugleichen, schaltete PayPal sogar einen Inkassodienst ein. Bei einem anderen Opfer wurden über Nacht mehr als 6.500 Euro von PayPal vom Girokonto abgebucht. Erst als die beiden Opfer hartnäckig blieben, wurde ihr Konto von PayPal schließlich wieder auf Null gesetzt. Die Kernschwachstelle bei PayPal sei die Form der Authentifikation, meint der Profi-Hacker Götz Schartner, denn allein die E-Mail-Adresse und ein Passwort genügen. Das sei in der heutigen Zeit nicht mehr ausreichend sicher. Eine Zwei-Faktor-Authentifizierung, z. B. durch Zusenden eines Codes auf das Handy, würde den Hackern das Handwerk legen, doch die ist bei PayPal für Privatkunden bislang keine Pflicht. Hinzu kommt: Viele Nutzer verwenden sehr

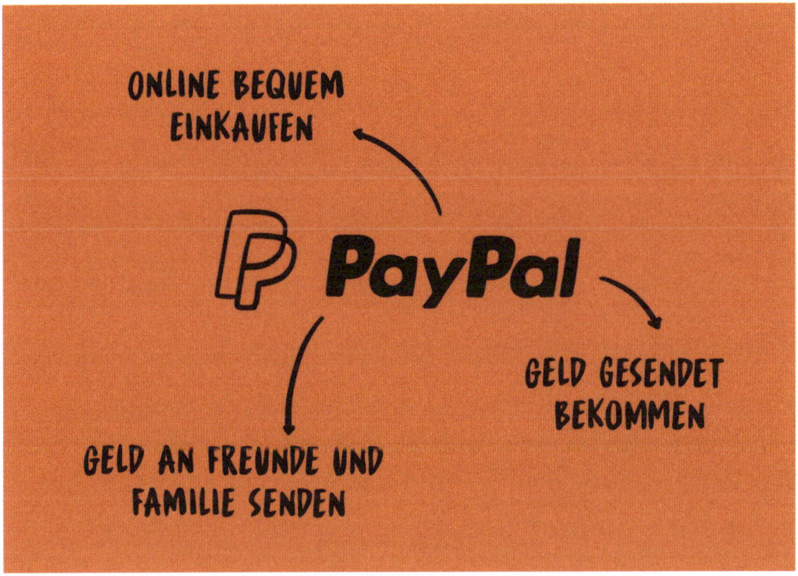

einfache Passwörter, und diese dann auch noch für mehrere Dienste. So haben die Kriminellen dann sogar noch Zugriff auf mehrere Portale.

Der PayPal-Käuferschutz bietet bei Online-Käufen eine zusätzliche Sicherheit. Wenn ein Käufer die Ware nicht erhalten hat oder es sich um falsche Ware handelt und diese über PayPal bezahlt wurde, kann er einen Antrag stellen, um Kaufpreis und Versandkosten zurückzubekommen. Kriminelle nutzen das aus, indem sie behaupten, sie hätten die Ware nicht erhalten, und sich das Geld über den PayPal-Käuferschutz zurückerstatten lassen. Das Nachsehen hat der Verkäufer: Er muss das erhaltene Geld zurückzahlen (s. S. 170).

Über die Funktion „Geld an Freunde und Familie senden" können PayPal-Nutzer kostenlos Geld an ihnen bekannte Personen überweisen – im Gegensatz dazu ist die Funktion „Geld für Waren und Dienstleistungen senden" kostenpflichtig. Betrüger überreden bei Online-Verkäufen gerne die Käufer, diese Bezahlfunktion zu nutzen, unter dem Vorwand, dass so die Gebühren gespart werden können. Was einigen Käufern nicht klar ist: Neben den Gebühren fällt hier auch der Käuferschutz von PayPal weg – wenn das Geld also weg ist, ist es wirklich weg.

VERBRAUCHER-TIPP

! Nutzen Sie die Zwei-Faktor-Authentifizierung, die PayPal für Privatkunden auf freiwilliger Basis anbietet. Zusätzlich zum Passwort werden Transaktionen damit durch einen Code geschützt, der Ihnen auf das Handy zugestellt wird.

! Wählen Sie ein sicheres Passwort: Ein Passwort sollte mindestens 10 Zeichen lang sein und aus Groß- und Kleinbuchstaben, Zahlen sowie Sonderzeichen bestehen. Nehmen Sie z. B. einen mittellangen Satz, den Sie sich gut merken können, und verwenden Sie die Anfangsbuchstaben (mit Groß- und Kleinschreibung) und Satzzeichen, die darin enthalten sind, als Passwort.

! Verwenden Sie für verschiedene Dienste verschiedene Passwörter und ändern Sie diese regelmäßig.

! Prüfen Sie alle E-Mails, die Sie von PayPal erhalten, besonders kritisch und öffnen Sie nicht leichtfertig irgendwelche Anhänge (nicht nur von E-Mails von PayPal, sondern generell): Zugriff auf die Konten erhalten die Kriminellen nämlich meist über sogenannte Phishing-Mails oder gefälschte E-Mails, die im Namen von PayPal versendet werden und die sensible Daten abfragen oder Links „zur Bestätigung von Daten" o. ä. enthalten.

! Reagieren Sie sofort, wenn Zahlungen von Ihrem PayPal-Konto getätigt werden oder Ihr PayPal-Passwort zurückgesetzt wurde, ohne dass Sie das veranlasst haben.

! Nutzen Sie die Funktion „Geld an Freunde und Familie senden" nur, wenn Sie die Person wirklich kennen und Sie wirklich Freunde sind oder wenn der Betrag so gering ist, dass Sie im Falle eines Betrugs ohne großen Ärger darauf verzichten können.

PAUSCHALREISEN – EINE RUNDUM SICHERE SACHE

Pauschalreisen gelten nicht als die individuellste Form des Reisens. Trotzdem sind sie sehr beliebt, und dafür gibt es gute Gründe: Denn Pauschalreisen sind oft nicht nur praktisch und komfortabel, sie sind auch rechtlich mehr oder weniger ein „Rundum-Sorglos-Paket" – wenn man ein paar Dinge beachtet.

Was vielen Verbrauchern nicht bewusst ist: Eine Reise ist nicht nur dann eine Pauschalreise, wenn man bei einem Anbieter einen Flug mit Hotel und Transfer gebucht hat. Um eine Pauschalreise handelt es sich rechtlich auch dann, wenn ein Unternehmen mindestens zwei sogenannte wesentliche Reiseleistungen unterschiedlicher Art für den Zweck derselben Reise anbietet. Als „wesentliche Reiseleistung" gilt dabei jeder Baustein, der mindestens 25 % des Reisepreises ausmacht; das kann auch eine Kreuzfahrt oder eine Tagesreise sein, wenn diese mehr als 500 Euro kostet. Und es ist auch dann schon eine Pauschalreise, wenn Sie über eine Plattform ein Hotel und einen Mietwagen für dieselbe Reise buchen. Entscheidend ist, dass Sie innerhalb eines Vorgangs buchen und dabei vom ersten Anbieter direkt zur Buchung bei einem anderen Anbieter geleitet und Ihre Daten weitergeleitet werden. Kommt innerhalb von maximal 24 Std. nach der Buchungsbestätigung für die erste Reiseleistung, z. B. das Hotel, der zweite Vertrag, z. B. für den Mietwagen, zustande, handelt es sich um eine Pauschalreise.

Der große Vorteil von Pauschalreisen ist, dass man als Verbraucher nur einen Ansprechpartner hat und sehr gut abgesichert ist – und zwar deutlich besser als bei Individualreisen. Ein kostenloser Reiserücktritt ist bei Pauschalreisen beispielsweise möglich, wenn wesentliche Bestandteile der Reise nicht durchgeführt werden können, weil etwa Sehenswürdigkeiten nicht besichtigt werden können oder es zu anderen gravierenden Änderungen im Reiseablauf kommt. Das hat sich zuletzt auch während der Corona-Pandemie gezeigt: Pauschalrei-

Pauschalreisen klingen für viele Menschen langweilig ...

... doch sie haben einige Vorteile für den Verbraucher!

sende konnten ihre Reise in ausgewiesene Risikogebiete kostenfrei stornieren. Bei individuellen Reisen gestalten sich die rechtliche Situation und das Zurückfordern von Geld z. B. für Flugtickets oft schwieriger. Und auch im Fall einer Insolvenz des Reiseveranstalters ist man als Pauschalreisender über den sogenannten Sicherungsschein abgesichert: Der Reisepreis muss dann von einer Versicherung erstattet werden. Ist man bereits unterwegs zum Zeitpunkt der Insolvenz, ist der Veranstalter in der Pflicht, die Rückreise zu gewährleisten. Sollten die Airline oder das Hotel zahlungsunfähig werden, muss der Reiseveranstalter auf seine Kosten umbuchen.

Die Kehrseite der Medaille ist, dass Veranstalter von Pauschalreisen den Reisepreis bis 20 Tage vor Reiseantritt – unter bestimmten Bedingungen, die dem Reisenden genannt werden müssen – um bis zu 8 % anheben dürfen, ohne dass der Reisende kostenlos von der Reise zurücktreten kann.

!

VERBRAUCHER-TIPP

- ! Achten Sie darauf, dass der Sicherungsschein auch tatsächlich ausgestellt wird! Bezahlen Sie den Reisepreis erst, wenn Sie den Sicherungsschein erhalten haben, denn nur damit können Sie Ihren Anspruch auf Erstattung darlegen, wenn ein Reiseanbieter zahlungsunfähig wird. Da haben einige Reisende im Zuge der Corona-Pandemie bittere Erfahrungen gemacht.
- ! Die genannten Regelungen gelten nicht für Ferienwohnungen und -häuser, die Urlauber über einen Reiseveranstalter gebucht haben.

BAHNFAHREN – MITGEFAHREN, MITGEHANGEN?

Es gibt wohl niemanden, der zu diesem Thema keine Anekdote erzählen kann. Meistens geht es dabei um Verspätungen, ausgefallene Züge oder kaputte Klimaanlagen, und die Liste der Pannen lässt sich beliebig fortsetzen. Und häufig ist schon die Ticketbuchung ein „Spaß" für sich. Lesen Sie hier, welche Rechte Sie haben!

Jeder möchte natürlich so günstig wie möglich von A nach B reisen, doch seit die Deutsche Bahn ihr Tarifsystem umgestellt hat, wird der Durchblick für Passagiere bezüglich der Fahrpreise immer schwieriger. Der Preis hängt nun auch von der Auslastung der Züge ab; je nach Wochentag und Uhrzeit kann das Unterschiede von bis zu 30 % ausmachen, haben der Fahrgastverband PRO BAHN e.V. und der Verbraucherzentrale Bundesverband (vzbv) festgestellt! Und dann gibt es auch noch verschiedene Tarife, nämlich neben dem „normalen" Flexticket die günstigeren Sparpreis- und Super-Sparpreis-Tickets. Die Nachteile der günstigeren Varianten: Sparpreise sind im IC und ICE zuggebunden, und beim Super-Sparpreis kann das Ticket weder umgetauscht noch storniert werden. Eine andere Möglichkeit, um günstiger zu reisen, vor allem wenn man häufig Bahn fährt, ist die BahnCard. Doch Achtung: Immer wieder tappen Verbraucher hier in die Abofalle, denn vielen ist nicht klar, dass sich die BahnCard automatisch um 1 Jahr verlängert, wenn sie nicht spätestens 6 Wochen vor Ablauf gekündigt wird.

Die Fahrgastrechte werden nicht immer korrekt umgesetzt …

… deshalb ist es umso wichtiger, seine Ansprüche in berechtigten Fällen zu kennen.

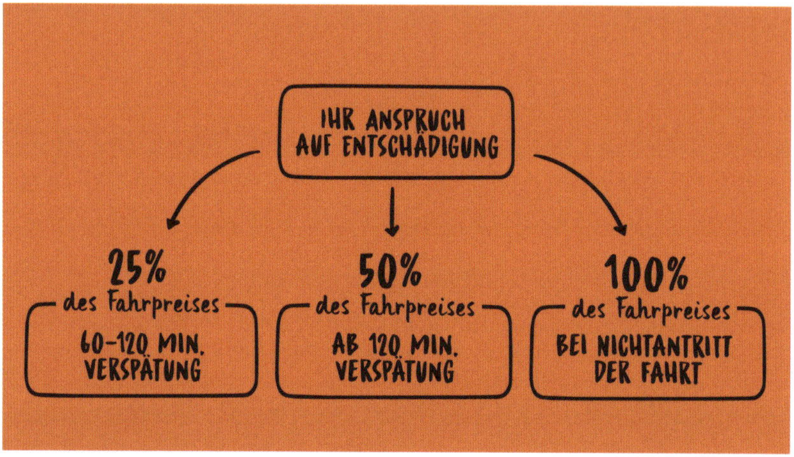

Manchmal erlebt man mit der Bahn auch richtige Abenteuer. Schon manche Geschichte dieser Art hat uns von Marktcheck-Zuschauern erreicht, häufig verbunden mit der Frage, ob Anspruch auf eine Entschädigung besteht und wenn ja, was angemessen ist. Denn hier hat der Bahnkunde weit mehr Ansprüche, als ihm die Deutsche Bahn manchmal zugesteht. Bei einer Zuschauerin etwa blieb der ICE auf der Rückfahrt von Köln nach Stuttgart plötzlich auf freier Strecke stehen und der Strom fiel aus. Die junge Frau musste mehr als 4 Std. ohne Licht, Klimaanlage und Toilette ausharren, bis die Feuerwehr den Zug endlich evakuierte. Mit fast 6 Std. Verspätung kam die junge Frau schließlich an ihrem Ziel an. Zusätzlich zu der üblichen Verspätungsentschädigung wurde ihr eine individuelle Kulanzleistung versprochen, und das war dann am Ende ein Gutschein über 30 Euro – das ist ziemlich wenig, wenn man die Rechtslage kennt, denn in anderen Fällen musste die Deutsche Bahn ein weitaus höheres Schmerzensgeld bezahlen!

Für den Entschädigungsanspruch bei Ausfällen und Verspätungen war die Ursache für die Verspätung übrigens bislang unerheblich, doch das ändert sich gerade: Im Oktober 2020 wurde vom EU-Parlament beschlossen, dass die Bahn bei höherer Gewalt wie Unwettern oder Ausfällen aufgrund von Pandemien bei Verspätungen nicht mehr zahlen muss. Zwar müssen das Europäische Parlament und die Länder dem Plan noch zustimmen, doch das Gesetz gilt bereits als so gut wie beschlossen.

VERBRAUCHER-TIPP

! Buchen Sie Ihr Ticket so früh wie möglich: Laut einer Untersuchung des Verkehrsclubs Deutschland (VCD) sind 1 Monat vorher noch für die meisten Fahrten Sparpreise verfügbar und der Rabatt auf den Flexpreis ist auch höher.

! Wenn Sie flexibel sind im Reisedatum, nutzen Sie die Bestpreissuche auf der Website der Bahn: Damit lassen sich die Preise für eine bestimmte Verbindung an verschiedenen Tagen vergleichen. Freitags, sonntags und montags ist es meist am teuersten, samstags und mittwochs am günstigsten.

! Buchen Sie nur dann ein Super-Sparpreis-Ticket, wenn Sie ganz sicher sind, dass Sie die Fahrt antreten können. Ansonsten kann ein umtausch- und stornierbares Sparpreis-Ticket unterm Strich die günstigere Lösung sein, nicht zuletzt, weil dieses auch noch das City-Ticket beinhaltet.

! Vergleichen Sie alle Ticket-Optionen: Ein Super-Sparpreis-Ticket 1. Klasse kann günstiger sein als das Flexpreis-Ticket 2. Klasse.

! Die BahnCard 25 oder 50 gibt es auch zur Probe, und diese Variante kann sich bei längeren Strecken schon für eine einzige Fahrt lohnen. Kündigen Sie sie aber möglichst direkt nach dem Kauf: Die Probe-BahnCard gilt 3 Monate und verlängert sich automatisch um 1 Jahr, wenn sie nicht fristgerecht gekündigt wird!

! Kaufen Sie eine BahnCard erst dann, wenn Sie sie das erste Mal benötigen: Sie gilt ab Kauf ein Jahr. Und wenn Sie bereits eine BahnCard besitzen, kann es sich lohnen, diese zu kündigen und erst direkt vor der nächsten Reise eine neue zu kaufen: So vermeiden Sie ungenutzte Zeiten.

! Bei von der Bahn selbst verschuldeten Verspätungen ab 60 Min. haben Sie Anspruch auf Rückerstattung von 25 % des Fahrpreises, ab 120 Min. auf 50 %; entscheidend ist die Ankunftszeit am Zielbahnhof. Tritt man die Fahrt gar nicht erst an, müssen 100 % erstattet werden, mindestens aber 4 Euro. Um den Erstattungsanspruch geltend zu machen, musste früher das Fahrgastrechte-Formular ausgefüllt werden und in einem Reisezentrum abgegeben oder an die Deutsche Bahn geschickt werden. Heute kann man das aber auch online machen, über das eigene Kundenkonto bei www.bahn.de oder über die App.

! Anspruch auf die Erstattung von Taxikosten für die Weiterfahrt besteht nur selten, z. B. wenn die geplante Ankunftszeit zwischen 0 und 5 Uhr liegt, der Zug mindestens 60 Min. Verspätung hat und es keine andere Möglichkeit der Weiterfahrt mehr gibt. Und der Anspruch ist gedeckelt auf 80 Euro. Um sich möglichen Ärger um die Erstattung der Kosten zu ersparen, fragen Sie am besten nach einem Sammeltaxi, das in solchen Fällen oft von der Bahn organisiert wird.

! Hotelkosten werden nur erstattet, wenn die Weiterfahrt am selben Tag nicht mehr möglich ist.

! Für verschlossene Toiletten kann es unter Umständen Schmerzensgeld geben. So hat das Amtsgericht Frankfurt einem Mann ein Schmerzensgeld von rund 400 Euro zugesprochen, der im ICE von Frankfurt nach Dresden unterwegs war und sich 2 Std. lang mit einer vollen Blase quälen musste: Alle Toiletten waren verschlossen und es gab keine Möglichkeit, den Zug zu verlassen. Im Fall einer Frau aus Rheinland-Pfalz, die knapp 2 Std. in einer Regionalbahn unterwegs war ohne funktionierende Toilette, stellte das Landgericht Trier hingegen fest, dass sie keinen Anspruch auf Schmerzensgeld habe: Die Frau hätte unterwegs an mehreren Halten aussteigen und eine Toilette aufsuchen können.

! Die Deutsche Bahn muss auch für die Verkehrssicherheit der Bahnsteige sorgen. Rutscht z. B. im Winter ein Passagier auf dem Bahnsteig wegen Glatteis aus, können ihm laut einem Urteil des Bundesgerichtshofs Schadenersatz und Schmerzensgeld zustehen.

! Wenn Sie nicht weiterkommen, wenden Sie sich an die Schlichtungsstelle für den öffentlichen Personenverkehr e.V. (söp) in Berlin oder an den Fahrgastverband PRO BAHN in München.

INDEX

ÜBER DIE AUTORINNEN

Hendrike Brenninkmeyer ist im Ruhrgebiet aufgewachsen, hat nach dem Abitur eine kaufmännische Ausbildung absolviert und anschließend an der Westfälischen Wilhelms-Universität in Münster Publizistik, Psychologie und Volkskunde studiert. Parallel begann sie, als Journalistin und Moderatorin zu arbeiten. Heute lebt sie mit ihrem Mann und zwei Kindern in Baden-Baden. Seit 2010 ist sie Moderatorin des SWR-Verbrauchermagazins „Marktcheck" und kümmert sich als ON Reporterin der Sendung „Preiswert, nützlich, gut?" um Verbraucherfragen. Außerdem moderiert sie das „ARD Europamagazin". Schon früh lernte sie von ihrer Mutter, einer Mathematikerin, Zahlen zu prüfen, immer das Kleingedruckte zu lesen und genau auf Inhaltsstoffe zu achten. Diese Erfahrungen haben sie geprägt und helfen ihr heute bei ihrer journalistischen Arbeit für „Marktcheck" ebenso wie im Familienalltag. Hendrike Brenninkmeyer ist außerdem ehrenamtliches Mitglied der Verbraucherkommission Baden-Württemberg.

Brigitte Schalk hat nach dem Abitur eine kaufmännische Ausbildung absolviert und anschließend in Stuttgart und Angers Romanistik, Anglistik und Germanistik studiert. Sie arbeitete schon während ihres Studiums in der Wirtschaftsabteilung des SWR. Beim SWR hat sie auch ihre Ausbildung zur Redakteurin gemacht. Danach hat sie zunächst mehrere Jahre als Filmautorin gearbeitet und eine Vielzahl an Beiträgen und Features aus dem Wirtschafts- und Verbraucherbereich realisiert. Die Wirtschafts- und Verbraucherjournalistin aus Leidenschaft ist seit 2018 beim SWR Redaktionsleiterin für „Marktcheck", das ARD-Wirtschaftsmagazin „Plusminus" und das SWR-Gesundheitsmagazin „Doc Fischer". Zudem war sie an der Entwicklung unterschiedlicher Verbraucherformate beteiligt, darunter „Vorsicht, Verbraucherfalle" und „Der beste Deal" für Das Erste. Entscheidungen und Entwicklungen aus dem Bereich Wirtschaft und Verbraucher betreffen jeden von uns. Die Auswirkungen auf den Verbraucher in verständlichen und informativen Filmen aufzuzeigen, haben sich Brigitte Schalk und die "Marktcheck"-Redaktion zum Ziel gesetzt – zum Nutzen der Verbraucher.

Buch zur Fernsehproduktion Marktcheck des SWR in Zusammenarbeit mit der SWR Media Services GmbH

FOTOS: Cover vorne (Hintergrund) und S. 6/7: SWR/Patricia Neligan;
S. 189 (Hendrike Brenninkmeyer): Sonja Bell; S. 189 (Brigitte Schalk): privat
ILLUSTRATIONEN: Pia Himmelein, Kempen
PRODUKTMANAGEMENT: Stephanie Iber
COVERGESTALTUNG: Eva Hook unter Verwendung eines Fotos von
Michael Ruder, lichtpunkt, Stuttgart
LAYOUTENTWURF UND SATZ: DOPPELPUNKT Karen Auch, Stuttgart
HERSTELLUNG: Katrin Röhlig
DRUCK UND BINDUNG: PNB Print Ltd, Lettland

1. Auflage 2021

ISBN 978-3-7724-4518-7 · Best.-Nr. 4518